La démocratie bousculée

Collection *Monde en cours*

Ouvrage édité par
Laurent Cohen et Jean Viard

www.editionsdelaube.com

ISBN 978-2-8159-5337-5

Antoine Bristielle

La démocratie bousculée

Des élections et des crises

éditions de l'aube
fondation jean-jaurès

Comment savoir ce que veulent vraiment les Français en termes politique ? Quels sujets souhaitent-ils voir mis sur le devant de la scène ? Quelles politiques publiques souhaitent-ils voir mises en œuvre ? Pendant longtemps, les seules élections permettaient de répondre à cette question. Les citoyens votaient pour un parti politique et le programme politique de ce dernier. Il était alors couramment admis que le programme du parti arrivé au pouvoir était celui souhaité par une majorité de Français. Mais à bien des égards, la donne a fortement changé à ce niveau-là. Pour plusieurs raisons, les élections sont devenues des indicateurs imparfaits de ce que veulent vraiment les Français. Qui est en effet en mesure de nous dire, au vu des seuls résultats de la séquence électorale du printemps 2022, quelles sont réellement les attentes des Français en matière d'écologie, de politiques sociales ou encore de démocratie ?

Plusieurs facteurs sont à l'origine de ce sentiment d'illisibilité des attentes de la population. Tout d'abord, nous le disions plus haut, les élections étaient largement considérées comme les meilleurs indicateurs des préférences politiques de la population. Cela est somme toute assez logique. Voter pour un parti signifie être d'accord avec lui, au moins en large partie. Mais que déduire d'élections où l'abstention est massive, au point de devenir le « premier parti de France », selon la formule consacrée ? Lors des dernières législatives, plus d'un Français sur deux a choisi de ne pas se déplacer dans l'isoloir. Comment savoir dans ces circonstances ce que souhaitent vraiment ces abstentionnistes ? Car, entendons-nous bien, le fait de ne pas participer aux élections ne signifie pas un désintérêt pour la politique, mais davantage une désillusion par rapport à la façon dont les institutions s'en saisissent. Le dernier baromètre de la confiance politique réalisé par le Cevipof et la Fondation Jean-Jaurès montre ainsi que seuls 13 % des Français déclarent ne pas s'intéresser du tout à la politique[1]. Plus encore, les franges de la population les moins participatives au processus électoral, comme les jeunes ou les classes populaires, sont engagées politiquement, mais en dehors des institutions, comme lors de marches climats pour les premiers ou lors de mouvements sociaux comme les Gilets jaunes pour les seconds. Prendre en compte l'avis de ces citoyens qui s'abstiennent est donc indispensable.

Pour autant, la donne est différente lors de l'élection présidentielle, les citoyens choisissent de se déplacer beaucoup plus massivement lors de l'élection phare de la Ve République. Néanmoins, il n'est pas pour autant extrêmement facile de déduire grand-chose des attentes véritables des Français en analysant les résultats de cette élection. La tripartition de l'espace politique, entre en bloc mélenchoniste, un bloc macroniste et un bloc d'extrême droite, ne signifie pas automatiquement qu'il existe trois blocs de valeurs au sein de la société française. D'une part, rappelons que notre élection présidentielle se réalise selon un système à deux tours, où les considérations stratégiques de premier tour sont légion. 27 % des électeurs déclaraient ainsi ne pas avoir voté pour un candidat parce qu'il était le plus proche de leurs idées, mais parce qu'il avait davantage de chances de se qualifier au second tour[2]. Ce score atteignait même 32 % chez les électeurs de Jean-Luc Mélenchon, 34 % chez ceux de Marine Le Pen et 39 % chez ceux d'Emmanuel Macron.

Cet aspect stratégique du vote lors de la présidentielle n'est pas le seul élément à nous inciter à la prudence sur les indications que le vote serait censé donner sur les préférences des Français. Dire que les électeurs votent pour des programmes lors de la présidentielle consiste à s'avancer un peu trop largement. Cette élection est en effet largement personnalisée, les joutes verbales entre les différents candidats ainsi que leur image étant finalement davantage mises en avant que les programmes qu'ils défendent réellement. Selon un sondage réalisé par l'Ifop au moment du premier tour de la dernière présidentielle, 59 % des interviewés disaient ainsi que la personnalité du candidat avait été un élément déterminant dans leur choix, alors qu'ils n'étaient que 37 % à juger déterminante dans leur choix final l'étiquette politique du candidat[3].

Lors de la présidentielle, l'aspect stratégique de cette élection et son aspect hautement personnalisé nous empêchent donc de comprendre ce que pensent vraiment les Français. Un autre élément vient renforcer ce phénomène, l'extrême volatilité électorale que l'on constate lors de cette élection. Souvenons-nous ainsi qu'à l'automne 2021, Éric Zemmour arrivait en seconde position dans les intentions de vote mesurées par certains instituts de sondage, alors qu'il réalisa finalement le score de 7 % le jour de l'élection, manquant la qualification pour le second tour de plus de 16 points. Lors du premier tour de la présidentielle, seuls 32 % des électeurs déclarent ainsi avoir été certains de leur choix de candidat du début à la fin de la campagne[4]. Un autre élément nous montre à quel point il ne faudrait pas tirer de conclusions trop hâtives du résultat de la présidentielle : les rapports de force qui existent au moment d'une élection ne sont pas ceux que l'on retrouve lors des périodes plus creuses de la politique.

Cette impression d'une illisibilité du paysage politique est par ailleurs renforcée par la façon dont la politique est traitée dans les médias. Le « jeu politique » – soit l'interaction stratégique entre les représentants politiques, les petites phrases des uns et des autres, les affaires personnelles – est souvent beaucoup plus mis en avant que les véritables questions de fond.

Il faut aussi remarquer que les stratégies politiques personnelles mêlées aux intérêts médiatiques du buzz permanent tendent à mettre sur le devant de la scène des sujets qui, en réalité, n'intéressent que très peu les Français. Le débat sur le burkini dans les piscines en est une très bonne illustration.

Nous sommes donc dans une période qui nécessite clairement de prendre de la hauteur et d'analyser avec précision ce que souhaitent réellement les Français sur les principales thématiques de politique publique[5]. C'est l'ambition de ce livre, qui s'adresse à la fois aux citoyens cherchant à comprendre la société dans laquelle ils vivent et aux décideurs politiques devant plus que jamais se détacher des schémas préconçus et qui cherchent à comprendre quelles sont finalement les attentes de leurs concitoyens.

Ainsi, en utilisant une pluralité d'enquêtes quantitatives, pilotées en grande partie par la Fondation Jean-Jaurès, nous allons montrer comment les Français se positionnent sur quatre thématiques de politiques publiques majeures : l'écologie, les questions économiques et sociales, les questions démocratiques et les questions sociétales.

1
Protéger l'environnement, un impératif catégorique

À n'en pas douter, les questions environnementales et climatiques ont été au cœur de l'été 2022. Des épisodes de canicules à répétition, suivis de feu de forêt dans des régions jusque-là épargnées ont ainsi montré à quel point le changement climatique est une réalité tangible aux conséquences meurtrières. Des épisodes de la sorte ne sont par ailleurs pas nouveaux. Souvenons-nous, par exemple, que l'été 2020 avait été marqué par des inondations massives dans les Alpes-Maritimes, provoquant neuf morts. Pour autant, lors de la dernière élection présidentielle, Yannick Jadot, candidat d'Europe Écologie-Les Verts (EE-LV), mettant les questions environnementales au centre de son discours et de son programme, n'obtenait que 4,63 % des suffrages et était même obligé le soir du premier tour de lancer un appel aux dons pour financer les dépenses de campagne non couvertes.

Cela laisse donc pensif, les Français sont-ils insensibles aux questions écologiques, alors que tous les experts et que toutes les crises climatiques que nous subissons devraient nous pousser à l'action ? La « fin du mois » préoccupe-t-elle davantage nos concitoyens que la « fin du monde » ? D'autres enjeux sont-ils jugés plus importants que la préservation de notre environnement ?

Nous allons le voir, le mauvais score d'EE-LV lors de la présidentielle occulte une réalité beaucoup plus complexe : l'environnement est bien un sujet de préoccupation majeur, qui dépasse par ailleurs de nombreux clivages politiques et sociaux. Les Français sont en attente de mesures extrêmement fortes et concrètes pour préserver notre environnement, si tant est qu'elles soient justes et qu'elles prennent en compte la réalité sociale et territoriale de chacun.

La « génération climat » n'est pas la seule à se soucier de l'environnement

Si la préoccupation pour l'écologie ne s'est pas traduite par une percée des écologistes lors de la présidentielle, cela ne veut pas pour autant dire qu'elle n'est pas réelle.

À l'heure actuelle, la protection de l'environnement est citée comme le second enjeu qui préoccupe le plus les Français, juste derrière le pouvoir d'achat. Et cette préoccupation est transgénérationnelle.

Dans la foulée de la médiatisation massive de Greta Thunberg, jeune militante pour le climat, de nombreux observateurs de la vie politique avaient, en effet, largement insisté sur l'arrivée d'une « génération climat », très fortement marquée par les enjeux environnementaux et demandant des mesures fortes et rapides pour préserver l'environnement. Mais plus encore, cette génération climat s'opposerait à une génération de « boomers » née dans l'opulence des Trente Glorieuses et qui prendrait les considérations écologiques à la légère.

Pour autant, il est fortement recommandé de dépasser cette première analyse, le fait que les jeunes générations soient davantage préoccupées par l'écologie ne signifie pas que les anciennes générations ne le sont pas. Près de deux tiers des plus de soixante ans est ainsi d'accord pour modifier son mode de vie, afin de préserver l'environnement (graphique 1)[6].

Graphique 1. Pourcentage de Français étant d'accord pour modifier en profondeur leur mode de vie, afin de préserver l'environnement, en fonction de l'âge des répondants.

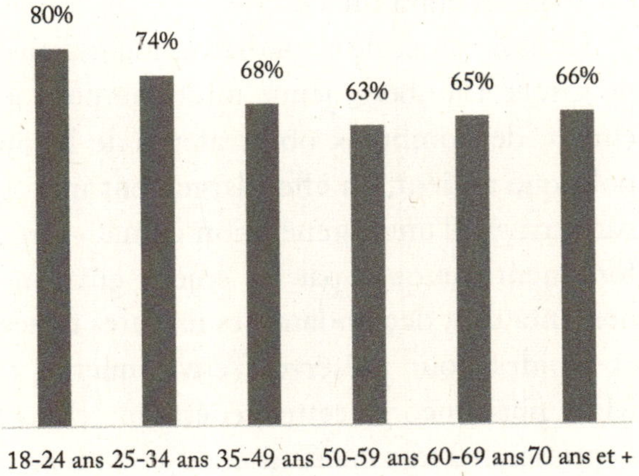

Les demi-mesures ne suffisent plus

Bien souvent, les responsables politiques se montrent extrêmement frileux concernant les mesures de protection de l'environnement. La crainte est toujours la même : si les citoyens sont extrêmement soucieux des considérations environnementales, ils seraient encore davantage concernés par l'état de leur porte-monnaie. Lorsque des mesures écologiques en viennent à impacter négativement le pouvoir d'achat des Français, elles seraient donc largement rejetées. L'exemple typique est, à ce niveau, le mouvement des Gilets jaunes : une taxe sur les carburants mise en place pour des considérations écologiques a été à l'origine d'un des plus grands mouvements sociaux de ces dernières décennies.

Pour autant, il faut se dégager de cette vision pessimiste et paralysante, les Français sont favorables et prêts à des fortes mesures de sauvegarde de l'environnement, même si cela entraîne une modification profonde de leur mode de vie. 62 % des Français pensent ainsi que le gouvernement n'en fait pas assez pour lutter contre le changement climatique[7]. Mais de manière encore plus stupéfiante, 82 % des Français affirment que le gouvernement devrait prendre des mesures rapides et énergiques pour faire face à l'urgence environnementale[8], même si cela doit demander aux Français de modifier en profondeur leurs modes de vie. Le résultat est sans appel, le temps n'est plus au *greenwashing*, mais des mesures extrêmement fortes sont attendues par nos concitoyens pour faire face à l'urgence.

Néanmoins, les craintes du personnel politique que nous évoquions plus haut ne viennent pas de nulle part : le mouvement des Gilets jaunes est bien une réalité et il fut précédé – toutes proportions gardées – lors du quinquennat de François Hollande par le mouvement des « bonnets rouges », refusant la mise en place d'une écotaxe sur les routes bretonnes. Mais le problème se situe bien dans la nature des mesures de sauvegarde de l'environnement mises en place : celles qui sont refusées ne le sont pas par leur caractère environnemental, mais tout simplement parce qu'elles ne sont pas adaptées à la réalité sociale et territoriale. Il faut donc entrer davantage dans le détail et comprendre précisément quel type de mesures environnementales les Français souhaitent voir mises en œuvre. C'est ce que nous allons nous efforcer de faire dans les paragraphes suivants.

Sobriété ou progrès technologique ?

Un débat anime depuis longtemps tant le milieu économique que politique : peut-on espérer des avancées technologiques majeures nous permettant d'entrer dans une phase de croissance verte, ou doit-on au contraire compter uniquement sur nous-mêmes pour réduire notre impact sur l'environnement et donc entrer dans une logique de décroissance ? Récemment, cette question est revenue sur le devant de la scène avec la volonté du gouvernement d'en appeler à la « sobriété », pour limiter collectivement notre impact sur l'environnement. Sans trancher le débat d'un point de vue théorique, il est intéressant de voir comment les Français se positionnent par rapport à cette question.

Il faut d'abord bien comprendre que les Français n'ont pas une opinion forcément positive sur les avancées technologiques. Dans un sondage réalisé en 2020 par l'institut Ifop, 56 % des Français se disaient « inquiets » vis-à-vis de la technologie[9]. Ce chiffre est en augmentation de 18 points depuis 2018. Au contraire, seuls 13 % de nos compatriotes se considèrent « pas du tout inquiets » de la technologie. De là à ce que les Français s'en remettent à de potentielles avancées technologiques pour sauvegarder l'environnement, il y a donc une marche énorme.

Cette impression est par ailleurs largement vérifiée lorsque l'on demande très concrètement aux Français le meilleur moyen de sauvegarder l'environnement[10]. 12 % font tout d'abord preuve d'un pessimisme important, considérant « qu'il n'y a rien à faire, on ne pourra plus limiter le changement climatique ». Mais l'attitude des Français restants est extrêmement intéressante à analyser. 17 % des Français considèrent ainsi que « c'est principalement le progrès technique et les innovations scientifiques qui nous permettront de trouver des solutions » quand une forte majorité pense au contraire que « c'est principalement la modification importante de nos modes de vie qui permettra de limiter le changement climatique ».

Graphique 2. Attitude des Français concernant les moyens de faire face au changement climatique.

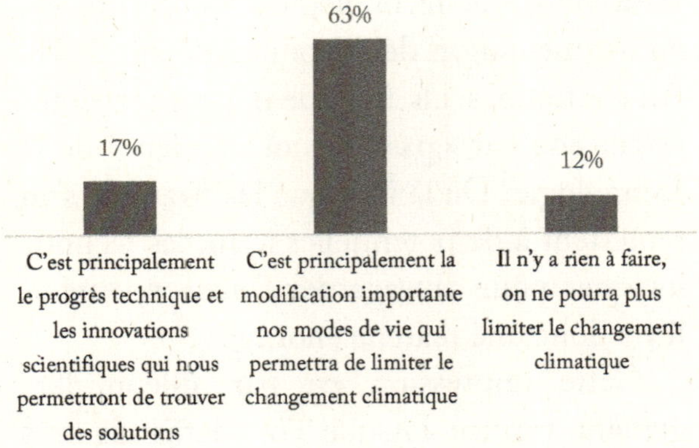

On le voit clairement, les Français ne s'en remettent pas à des potentielles avancées technologiques, par ailleurs hautement incertaines pour faire face aux problématiques environnementales. C'est par le biais des changements majeurs que les Français comptent lutter contre le changement climatique.

La sobriété, oui, mais les élites d'abord

Nous le disions dans la sous-partie précédente, les Français sont prêts à modifier leurs comportements individuels pour faire face à l'urgence climatique. À ce niveau, l'appel à la « sobriété » lancé par le gouvernement trouve donc un écho non négligeable au sein de la population. Un sondage mené par l'institut Viavoice nous montre ainsi comment cette sobriété se caractériserait en pratique.

Tableau 1. « Seriez-vous prêt à mettre en place les actions suivantes pour aller vers plus de sobriété ? »[11]

	OUI	NON
Consommer davantage de produits de producteurs ou artisans locaux	85 %	9 %
Vous renseigner sur la provenance et la composition des produits que vous consommez	81 %	14 %
Limiter votre consommation énergétique	81 %	14 %
Privilégier la réparation ou le réemploi sur le renouvellement	80 %	13 %
Limiter vos déplacements en transport (voiture/avion)	62 %	31 %
Limiter votre consommation de vidéos sur Internet	58 %	30 %
Partager l'usage de produits	54 %	38 %

On le voit clairement dans le tableau précédent, sur tous les items de sobriété, les Français sont prêts à faire des efforts importants. Certains chiffres sont par ailleurs extrêmement impressionnants : 85 % des Français sont prêts à consommer local, 81 % à limiter leur consommation d'énergie, 62 % à limiter leur déplacement. Cela s'oppose donc clairement à l'idée d'une France à la « *don't look up* », qui vivrait dans une bulle déconnectée des enjeux environnementaux majeurs du moment.

À la vue de ces chiffres, le gouvernement pourrait donc se réjouir, l'appel à la sobriété est entendu au sein de la population. Mais la situation est loin d'être aussi simple. Tout d'abord, 48 % des Français ont déjà l'impression que, pour protéger l'environnement, ils font le maximum de ce qu'il est possible de faire[12]. Mais plus encore, cet appel à la sobriété passe mal alors que 46 % de nos concitoyens déclarent avoir dû, lors de l'année passée, renoncer à chauffer leur logement correctement[13]. Entendons-nous bien, les problématiques de pouvoir d'achat sont à l'origine de cette situation, mais les efforts demandés peuvent paraître déplacés quand une si large partie de la population a déjà adopté un comportement « sobre », faute de pouvoir faire autrement.

Mais plus encore, il est intéressant de voir à quel point ces appels du pied gouvernementaux pour un comportement populaire « sobre » se sont heurtés à une affaire politique. En septembre 2022, plusieurs députés de la NUPES montaient en effet au créneau pour demander une interdiction des jets privés. Sans parler d'interdiction, le ministre des Transports, Clément Beaune, appelait, lui aussi, dans un premier temps, à ce que leur utilisation soit régulée, sans être particulièrement suivi sur ce sujet par le reste du gouvernement. Cette question a pris par ailleurs de l'ampleur par un détour surprenant. Lors d'une conférence de presse d'avant match, l'entraîneur du Paris Saint-Germain, Christophe Galtier, ainsi que son attaquant vedette, Kylian Mbappe, étaient interrogés par un journaliste. Celui-ci leur demandait si, pour participer eux aussi à l'effort collectif pour protéger l'environnement, ils seraient prêts à ce que le club se déplace en train et non en jet privé pour les matchs ayant lieu en France métropolitaine. À cette question, la seule réponse de Mbappe fut un fou rire. L'entraîneur préféra, lui, l'ironie : et pourquoi pas en « char à voile » tant qu'on y était. Cette attitude n'est pas du tout passée aux yeux du grand public et, quelques jours plus tard,

Christophe Galtier a dû rétropédaler en s'excusant de ce mauvais « trait d'humour ».

Le fait que cette réaction ne soit pas du tout passée est symptomatique de l'état de l'opinion publique sur la question environnementale. Si les Français sont prêts à faire des efforts individuels importants et qu'ils le font par ailleurs déjà, il faut que les « élites » montrent l'exemple et soient les premières concernées par cette sobriété. La question de la justice sociale s'agrège donc ici clairement à la question environnementale. Et cela se remarque très largement sur la question des jets privés : 90 % des Français sont favorables à ce que l'usage des jets privés par les entreprises et les particuliers soit limité[14].

Mais plus fondamentalement encore, lorsque l'on demande aux Français comment les entreprises pourraient s'y prendre pour les inciter à adopter des modes de vie et de consommation plus « sobres », 89 % répondent : « en donnant l'exemple au niveau de leurs dirigeants »[15]. Les actions individuelles pour protéger l'environnement sont ainsi plébiscitées par les Français, uniquement si elles se répartissent de manière équitable et juste au sein des différentes couches de la société.

L'individuel, c'est bien, le structurel, c'est mieux

Les citoyens ne sont donc pas opposés à la modification de leurs comportements pour lutter contre les crises environnementales. Néanmoins, on perçoit que ces actions individuelles trouvent un écho dans l'opinion publique uniquement par dépit, parce que les mesures adéquates et structurelles ne sont pas prises à un échelon supérieur. Voyant l'urgence climatique arrivée et trouvant les actions gouvernementales trop frileuses sur l'environnement, les citoyens s'en remettent aux actions individuelles, faute de mieux. Ainsi, lorsqu'on demande aux Français de juger l'efficacité de l'action du gouvernement en matière d'écologie, sur une échelle de 0 à 10, 71 % des Français lui accordent une note en dessous de la moyenne[16].

Dans ces conditions, ce n'est donc finalement pas une surprise si les citoyens s'en remettent avant tout à eux-mêmes pour lutter contre le dérèglement climatique : ils n'ont plus confiance dans l'action des pouvoirs publics. Ainsi, lorsqu'on demande aux Français de citer les trois acteurs qui leur semblent les plus à même d'agir efficacement dans la lutte contre le dérèglement climatique, 69 % citent les citoyens et seulement 50 % l'État, juste devant les entreprises (47 %)[17].

Graphique 3. Les acteurs les plus à même d'agir efficacement contre le dérèglement climatique (plusieurs réponses possibles).

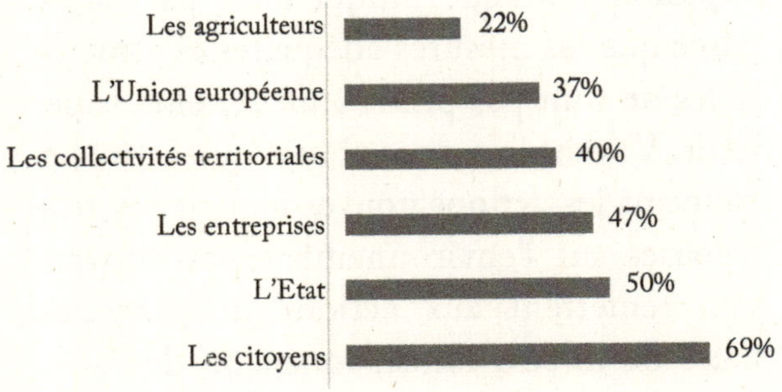

Encore une fois, il ne faut pas mésinterpréter ces chiffres : les Français ne pensent pas que l'individuel est la meilleure échelle d'action *en soi*, mais uniquement dans un contexte de frustration vis-à-vis de pouvoirs publics jugés trop inactifs sur cette question. Parce qu'en effet, à côté de cela, nous citions plus haut ce chiffre, ô combien évocateur : 82 % des Français affirment que le gouvernement devrait prendre des mesures rapides et énergiques pour faire face à l'urgence environnementale[18].

Adapter les mesures aux réalités sociales et territoriales

En novembre 2018, le mouvement des Gilets jaunes avait été présenté comme un coup d'arrêt à la politique environnementale du gouvernement. Des centaines de milliers de Français, principalement issus des zones rurales et périurbaines, s'étaient retrouvés sur les ronds-points pour clamer leur opposition à une nouvelle taxe sur les carburants, dont la mise en place aurait, selon eux, plombé un pouvoir d'achat déjà réduit comme peau de chagrin. Pour autant, l'aspect écologique de cette nouvelle taxe, devant financer la transition énergétique et inciter les Français à utiliser des modes de déplacement moins polluants, était l'argument massue utilisé par le gouvernement. Cela veut-il donc dire que ces Gilets jaunes étaient hostiles à l'écologie ? Pas le moins du monde. Une enquête coordonnée par Tristan Guerra, chercheur en science politique à l'IEP de Grenoble, le montre clairement[19] : lorsque l'on étudie les valeurs des Gilets jaunes sur les questions environnementales, le constat est sans appel, ils sont aussi soucieux de l'environnement que le reste de la population française. S'ils s'opposent à cette taxe, c'est tout simplement parce qu'ils la trouvent injuste : dans la configuration actuelle, l'utilisation de leur voiture n'est pas un luxe, mais un besoin vital, ne serait-ce que pour aller travailler, dans des territoires où les emplois de proximité ont disparu et où le réseau de transport en commun est inexistant.

Les personnes qui habitent dans les zones rurales ne sont pas moins sensibles à l'écologie que le reste des Français, le graphique suivant le montre très clairement.

Graphique 4. Pourcentage de Français étant prêts à modifier en profondeur leur mode de vie pour protéger l'environnement, en fonction de leur lieu d'habitation.

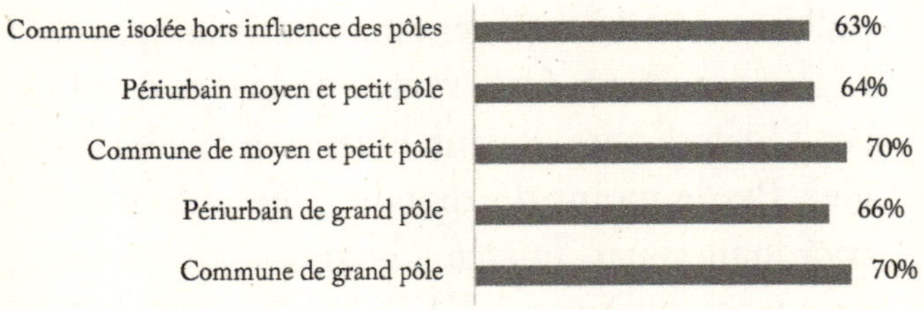

Peu importe où les Français vivent, ils sont extrêmement sensibles aux considérations environnementales. Par contre, et c'est un point essentiel, ils sont en attente de mesures adaptées aux problématiques de déplacement de chacun et qui ne pèsent pas uniquement sur ceux vivant dans les zones les plus reculées. À la problématique de justice sociale s'agrège donc une problématique évidente de justice territoriale.

Conclusion

À la vue de toutes les données que nous avons été à même d'exploiter dans ce chapitre, plusieurs conclusions, sonnant également comme des recommandations, peuvent être tirées :

1. L'écologie est un thème consensuel qui préoccupe fortement tous les Français. Il existe une prise de conscience collective concernant le fait que le changement climatique est bien une réalité majeure. Les Français sont par ailleurs prêts à accepter des mesures extrêmement impactantes, y compris pour eux-mêmes, pour préserver notre environnement.
2. Les Français sont aussi extrêmement critiques envers des pouvoirs publics qu'ils ne jugent pas à la hauteur de la gravité de la situation. Devant un État jugé inactif, les citoyens s'en remettent alors uniquement à eux-mêmes pour faire face à l'urgence climatique.
3. Les Français ne pensent pas que l'action individuelle sera seule à même de lutter

efficacement contre les différentes problématiques environnementales. L'attente de mesures structurelles prises par les gouvernements est extrêmement importante.

4. Les mesures individuelles et structurelles au niveau environnemental ne seront acceptées que si elles respectent des principes de justice sociale et territoriale. Ce qui entraîne immédiatement deux choses : la sobriété doit s'appliquer en premier lieu aux élites ; les mesures structurelles doivent être justes et ne pas peser en premier lieu sur les plus démunis et sur ceux qui vivent dans des territoires reculés.

2
L'enjeu démocratique : une bombe à retardement

Il nous faut dans ce deuxième chapitre nous intéresser à une autre question, celle qui est à la base de toutes les autres : la règle du jeu démocratique.

En effet, si les citoyens ne croient plus dans les règles du jeu démocratique et n'ont plus confiance dans les institutions politiques, alors, indéniablement, au bout de ce cercle vicieux, ils en viendront à remettre en question le bien-fondé des mesures prises par ces gouvernements et ces institutions.

Cependant, notre démocratie est-elle vraiment en crise ? Si oui, est-ce une crise de la démocratie en général ou de la forme actuelle de démocratie libérale et représentative ? Enfin, que veulent vraiment les Français en matière de démocratie ?

Une abstention massive et de plus en plus préoccupante

Le 10 avril 2022, au soir du premier tour de l'élection présidentielle, le taux d'abstention s'élevait à 26,31 %. Deux mois plus tard, lors du premier tour des élections législatives, ce taux avait doublé, avec un niveau record atteignant quasiment les 53 %. Cette situation est loin d'être inattendue, comme certains politistes l'ont maintenant clairement démontré[20], la participation politique lors des élections se fait de manière beaucoup plus « intermittente » : si l'élection présidentielle mobilise encore massivement les Français, la dynamique d'abstention est au contraire clairement à la hausse pour quasiment tous les autres scrutins.

Mais quels sont les citoyens qui se sont le plus démobilisés en l'espace de deux mois ? Quel est leur profil sociologique ? Et finalement qui a le plus bénéficié ou le plus pâti de cette démobilisation[21].

Les générations anciennes pèsent un poids électoral plus important lors des législatives

Lors du premier tour de la présidentielle, les jeunes, âgés de moins de trente-cinq ans, s'étaient clairement moins déplacés que leurs aînés. Néanmoins, à partir de trente-cinq ans, les citoyens s'étaient déplacés de manière relativement équivalente : le taux de participation de 35-49 ans dépassant même d'un point celui des soixante-dix ans et plus. C'est une situation complètement différente que l'on constate lors des législatives : plus l'âge augmente, plus le niveau de participation est important. Ainsi, chez les plus de soixante-dix ans, la déperdition d'électeurs entre la présidentielle et les législatives n'est que de 8 points, quand elle est de 27 points chez les 18-24 ans. Cette différence est colossale et entraîne une situation particulière : le poids électoral des anciennes générations lors de ces législatives est bien plus important que leur poids démographique réel.

Graphique 1. Taux de participation lors du premier tour de la présidentielle et du premier tour des législatives, en fonction de l'âge.

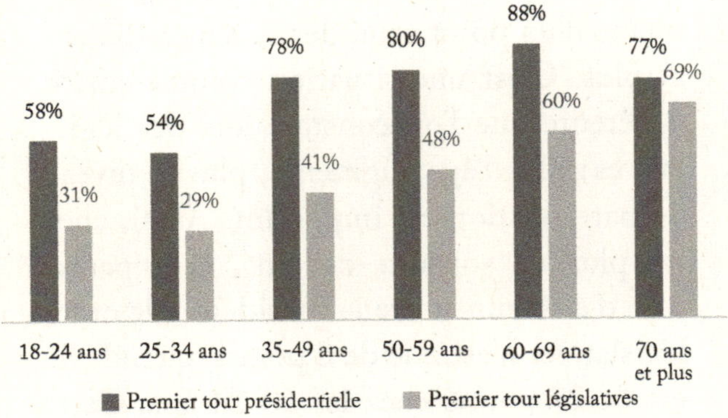

Des disparités sociales plus marquées

Certaines disparités sociales s'observaient déjà au moment de l'élection présidentielle. Le taux de participation des ouvriers était ainsi de 7 points plus faible que celui des cadres. Mais force est de constater que ces inégalités se sont accrues lors du premier tour des législatives. L'écart de participation entre les ouvriers et les cadres est désormais de 9 points, mais plus encore, alors que l'écart de participation entre les cadres et les employés n'était que de 1 point, il est désormais de l'ordre de 12 points. De même, alors que l'écart maximal de participation entre deux CSP lors de la présidentielle était de 14 points, il est désormais de 32 points.

Graphique 2. Taux de participation lors du premier tour de la présidentielle et du premier tour des législatives, en fonction de la catégorie socio-professionnelle.

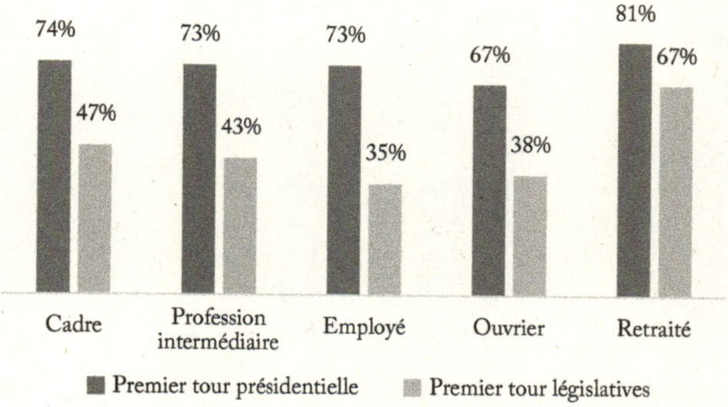

De manière moins flagrante, ces disparités plus importantes de participation lors des législatives se remarquent également lorsqu'on se focalise sur le revenu mensuel du foyer. Déjà lors de la présidentielle, les écarts de participation étaient marqués entre les plus hauts revenus et les plus faibles, de l'ordre de 11 points. Celles-ci ont légèremenat augmenté lors de ce premier tour des élections législatives. C'est en effet 14 points qui séparent désormais le niveau de participation des foyers dont le revenu mensuel est inférieur à 1 250 euros et celui des foyers dont le revenu est supérieur à 3 000 euros.

Graphique 3. Taux de participation lors du premier tour de la présidentielle et du premier tour des législatives, en fonction du revenu mensuel net du foyer.

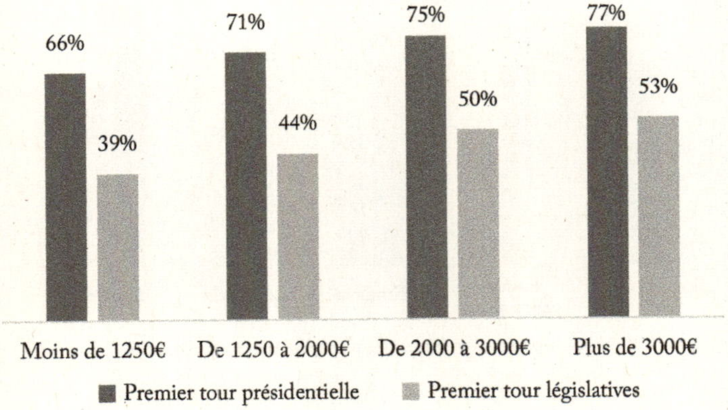

La défiance institutionnelle, un mal français

La question de l'abstention se mêle par ailleurs à une autre problématique majeure, celle de la défiance grandissante dans nos institutions politiques.

Les chiffres du « Baromètre de la confiance », piloté par le Cevipof de Sciences Po Paris sont à ce niveau particulièrement évocateurs[22] : 59 % des Français n'ont pas confiance dans l'Assemblée nationale et 59 % n'ont pas confiance dans l'institution présidentielle. Or, la problématique majeure posée par ces chiffres est qu'il s'agit bien de données structurelles : ne pas avoir confiance dans un gouvernement donné parce qu'il n'est pas de sa couleur politique est, somme toute, assez sain dans une démocratie, mais ne pas avoir confiance dans les institutions politiques du pays constitue une marche supplémentaire. Cela revient finalement à dire que peu importe qui est au pouvoir, que ce soit à l'Assemblée ou à la tête de l'État, aucune confiance ne pourra être trouvée. La règle du jeu institutionnelle est donc remise en question par un nombre important de Français. Mais plus encore, ce manque de confiance dans nos institutions politiques constitue bien une sorte de spécificité française. Comparons ainsi les niveaux de confiance dans les institutions politiques avec nos voisins européens (graphique 4).

Notre confiance politique se rapproche beaucoup de celle de pays d'Europe du Sud (Espagne, Italie) ayant connu une histoire politique extrêmement tumultueuse ces dernières décennies. Pire, nous apparaissons assez proches en termes de confiance institutionnelle de pays d'Europe centrale, dont les institutions sont tout sauf stables.

À l'inverse, nous sommes assez éloignés de nos voisins d'Europe de l'ouest et d'Europe du nord manifestant, eux, des niveaux de confiance institutionnels élevés.

Graphique 4. Échelle de la confiance politique dans différents pays européens en 2017[23].

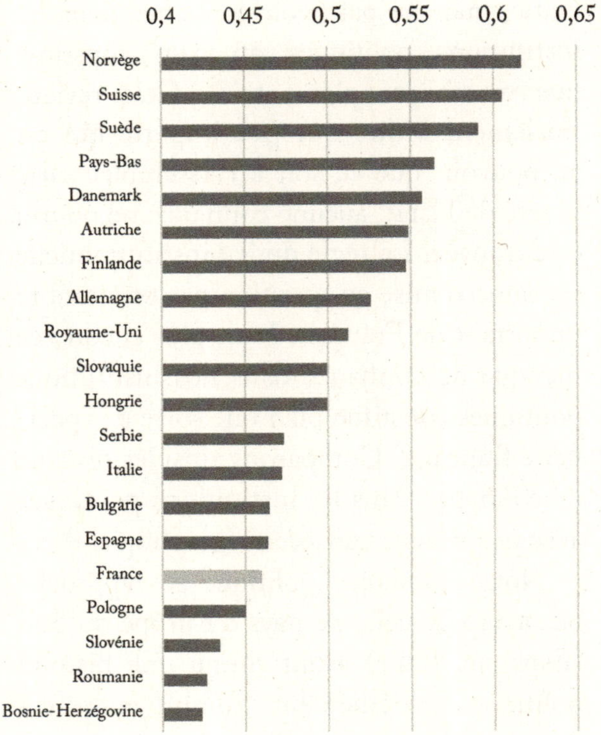

Ce qui est également particulièrement frappant est à quel point cette défiance française se manifeste exclusivement envers les institutions politiques de notre pays. 74 % des Français déclarent ainsi avoir confiance dans l'école, 75 % en confiance dans l'armée. Même les petites et moyennes entreprises recueillent un niveau de confiance particulièrement élevé : 80 %. Le problème se situe donc uniquement au niveau politique. Mais ce qui vient encore noircir un peu plus le tableau est l'évolution de cette défiance dans les institutions politiques depuis une vingtaine d'années. Même si des effets liés aux périodes électorales sont visibles, globalement, la confiance dans les partis politiques et dans le gouvernement est en nette chute.

Graphique 8. Évolution de la confiance des Français envers les partis politiques et le gouvernement de 2001 à 2019[24].

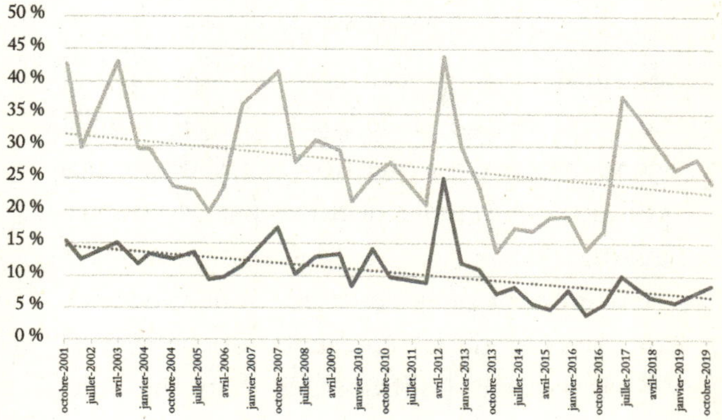

La problématique majeure de cette défiance institutionnelle est qu'elle ne constitue pas seulement une donnée abstraite, mais est à l'origine de conséquences concrètes aux effets délétères pour notre démocratie. Nous le montrions notamment dans un précédent ouvrage au moment de la pandémie de Covid-19[25]. Plus la confiance dans les institutions politiques était faible, plus le gouvernement avait misé sur des mesures coercitives pour faire face à l'épidémie. Celles-ci avaient été globalement moins bien suivies que les mesures seulement incitatives et cela s'était soldé par une mortalité plus élevée.

Nos institutions politiques sont donc indéniablement en crise, cela se constate autant dans l'abstention massive à toutes les élections intermédiaires que dans les niveaux de défiance envers les institutions politiques. Ces deux phénomènes ont par ailleurs des conséquences majeures : l'abstention sape la légitimité des représentants politiques pourtant élus quand la défiance institutionnelle vient remettre en question la légitimité des politiques publiques décidées par ces mêmes institutions.

Comment dans ces conditions faire face à cette crise de la représentation politique ? Quel système politique les Français souhaitent-ils voir mis en place ?

Le risque de la tentation autoritaire

Lorsque l'on interroge les Français sur leur opinion concernant l'état de notre démocratie, le résultat est sans appel : 37 % des Français déclarent qu'elle ne fonctionne pas très bien et 20 % qu'elle ne fonctionne pas bien du tout[26].

Graphique 9. État du fonctionnement de la démocratie française selon les Français.

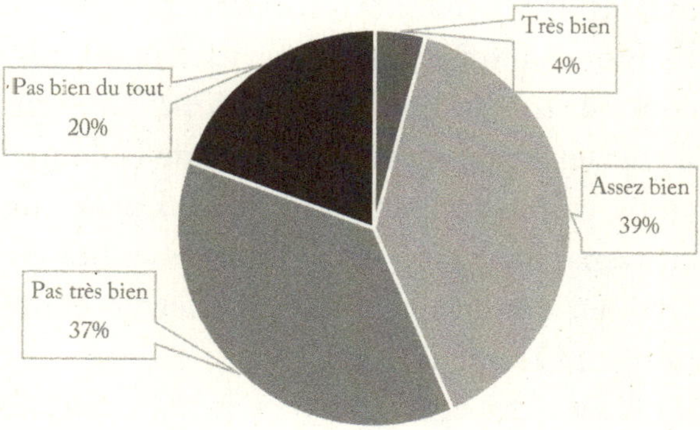

Si au niveau institutionnel nous traversons indéniablement une crise majeure, la grande question est de savoir s'il s'agit d'une crise de la démocratie ou d'une crise de la démocratie représentative, celle qui existe à l'heure actuelle dans la plupart des pays occidentaux. À bien des égards, la réponse à cette question n'entraîne pas du tout les mêmes conséquences. Alors qu'une crise de la démocratie représentative pourrait se solder par davantage de démocratie directe ou par l'instauration de mécanismes correctifs à la démocratie représentative, permettant une meilleure représentation des citoyens, une crise de la démocratie pourrait, elle, se solder par un retour de l'autoritarisme.

En 2016, Roberto Foa et Yascha Mounk, éminents chercheurs en science politique, alertaient sur ce qu'ils nommaient « la déconnexion démocratique[27] ». Ils montraient, en effet, qu'aux États-Unis, comme en Europe, nous étions en train d'assister à une remise en cause de la démocratie comme système politique. La part de citoyens déclarant qu'il était essentiel de vivre en démocratie était en effet en chute libre en Occident.

À bien des égards, cette tentation autoritaire est une réalité dans la France contemporaine. Dans un système où l'abstention électorale augmente d'année en année et où la défiance grandit de manière similaire, la démocratie n'est plus forcément jugée comme un système viable. Les chiffres suivants font clairement froid dans le dos : 39 % des Français pensent que ce serait une bonne chose d'avoir à la tête du pays un homme fort qui n'a pas à se préoccuper ni du Parlement, ni des élections. 27 % des Français pensent même que ce serait une bonne chose que l'armée dirige le pays.

Mais entrons un peu plus dans le détail en étudiant le profil sociologique et politique des Français tentés par cet autoritarisme.

Graphique 10. Pourcentage de Français étant favorables à ce que l'armée dirige le pays, en fonction de la proximité partisane.

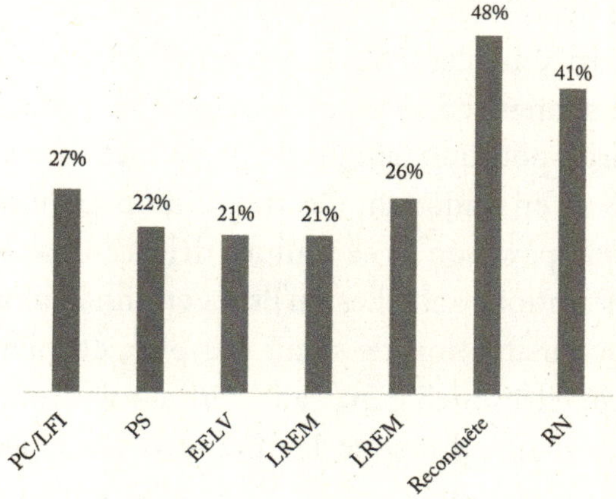

Au niveau des préférences politiques, la donne n'est pas très surprenante : les Français les plus favorables à ce que l'armée dirige le pays sont situés à l'extrême droite du spectre politique. Mais une fois ce premier constat réalisé, un second, encore plus fort, s'impose immédiatement : les chiffres sont impressionnants. En effet, près d'un proche d'Éric

Zemmour sur deux plébiscite cette solution ainsi que plus de 40 % des proches de Marine Le Pen, candidate qui est quand même arrivée au second tour des deux dernières élections présidentielles et qui a réussi faire entrer 89 députés à l'Assemblée nationale. Mais à gauche, si les scores sont plus faibles, ils sont très loin d'être négligeables : entre 20 et 30 % des proches des différents partis de gauche sont favorables à cette solution extrême.

Indéniablement, la situation sociale des personnes concernées explique en grande partie pourquoi autant de personnes concernées s'en remettent à cette solution extrême. C'est parce qu'ils se sentent délaissés par les institutions actuelles qu'ils jugent finalement que la situation ne serait pas pire, et même peut-être meilleure, au sein d'un régime autoritaire. Lorsque les Français anticipent un risque extrêmement élevé de se retrouver au chômage, ils sont ainsi 39 % à envisager que ce serait une bonne chose que l'armée dirige le pays. Lorsqu'aucun risque n'est perçu, cette tentation ne concerne que 21 % des interviewés.

Graphique 11. Pourcentage de Français étant favorables à ce que l'armée dirige le pays, en fonction du risque perçu de se retrouver au chômage.

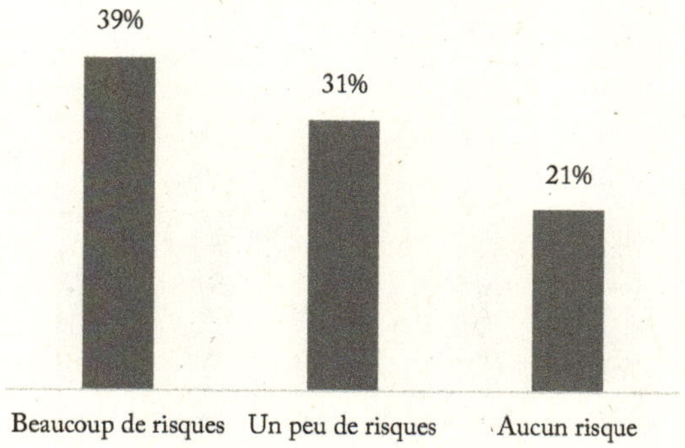

Intéressons-nous maintenant à l'âge des Français tentés par ce retour de l'autoritarisme. Là aussi, les chiffres sont édifiants. Plus les Français sont jeunes, plus ils plébiscitent l'arrivée de l'armée à la tête de l'État : ce n'est pas moins de 46 % des jeunes de dix-huit à vingt-quatre ans qui sont favorables à cette solution pour le moins extrême. Le fait de ne pas avoir été confronté aux drames du XXe siècle entraîne un rejet beaucoup moins net de l'autoritarisme et c'est donc profondément inquiétant.

Graphique 12. Pourcentage de Français étant favorables à ce que l'armée dirige le pays, en fonction de l'âge des répondants.

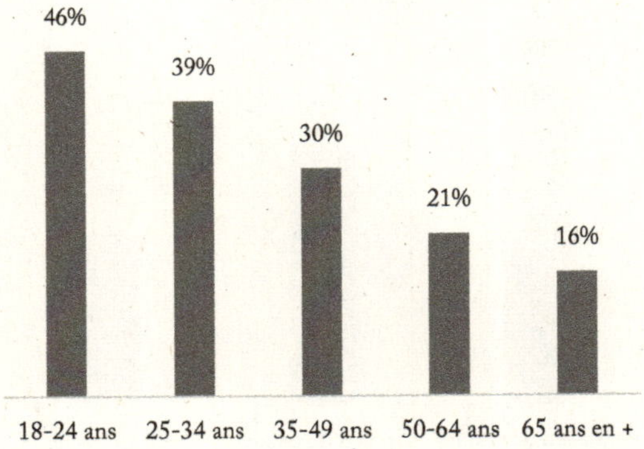

Notre démocratie fonctionne mal, c'est ainsi un constat partagé par un nombre très important de nos concitoyens. Devant ce constat et face à des gouvernements jugés incapables de répondre très concrètement aux problèmes matériels des Français, la tentation autoritaire est extrêmement présente, en particulier au niveau des jeunes générations. Pour le dire autrement, si rien n'est entrepris pour sortir par le haut de cette crise, nous pourrions en sortir par le bas et basculer très vite dans un type de régime que nous considérions comme impensable il y a peu. Pour autant, il existe une vraie solution pour échapper positivement de cette situation, en prenant à bras-le-corps la crise de la représentation politique avant qu'elle ne mue en véritable crise démocratique. Des mécanismes de respiration démocratique existent et comme nous allons le voir, ils sont plébiscités par un nombre considérable de Français. Encore faut-il que les pouvoirs publics ne fassent pas la sourde oreille à ces revendications.

Répondre à la crise de la représentation politique

La défiance des Français envers leurs institutions et leurs représentants politiques peut les pousser vers des solutions extrêmes et antidémocratiques. Néanmoins, si le lien de confiance est restauré, cette tentation autoritaire a toutes les chances de disparaître. Or, deux grands axes de réformes peuvent justement permettre de restaurer la confiance dans les institutions politiques.

Réparer la démocratie représentative

Lors des élections législatives de juin 2022, le parti présidentiel n'a pas réussi à obtenir une majorité absolue à l'Assemblée. Cette situation était assez nouvelle : depuis l'instauration du quinquennat, les élections législatives, placées dans la foulée de l'élection présidentielle, n'avaient été que des élections de confirmation de la présidentielle. Il existait ainsi une « prime » indéniable pour le président élu, qui lui permettait d'avoir les mains libres pendant son quinquennat pour mettre en place la politique souhaitée. Même si dans des circonstances particulières, des dissensions pouvaient apparaître au sein du parti présidentiel à l'Assemblée – ce fut le cas des « frondeurs » lors du quinquennat de François Hollande – ce phénomène demeurait somme toute assez mesuré. Pour beaucoup de commentateurs de la vie politique, le fait que le président de la République possède une majorité absolue à l'Assemblée était une bonne chose, les blocages institutionnels étaient évités et le pays n'en devenait que plus facilement gouvernable.

Pour autant, la majorité des Français ne semblent pas d'accord avec cette théorie. On a pu déjà le voir de manière extrêmement concrète lors des dernières élections, où les électeurs refusèrent de donner une majorité absolue au président Macron. Mais cela se constate également de manière extrêmement claire lorsqu'on demande aux Français s'ils ont l'impression que la démocratie fonctionne mieux ou moins bien depuis que l'Assemblée nationale se retrouve sans majorité absolue : 48 % des Français jugent qu'elle ne fonctionne ni mieux ni moins bien et 21 % jugent même qu'elle fonctionne mieux[28]. Plus encore, 70 % des Français sont d'accord avec l'assertion suivante : « Le bon système politique, c'est celui où il y a une majorité relative à l'Assemblée : le gouvernement est obligé de tenir compte de l'avis des oppositions, il y a de vrais débats à l'Assemblée, il faut trouver des compromis. Au final, c'est plus représentatif de l'avis de l'ensemble des Français[29]. » Et cette proportion est par ailleurs relativement constante entre les différentes classes d'âge : 68 % chez les moins de trente-cinq ans, 70 % chez les 35-59 ans, 71 % chez les soixante ans et plus.

Notre démocratie représentative nécessite donc des mécanismes de respiration beaucoup plus poussés. Une première solution serait ainsi de passer d'un régime présidentiel à un régime parlementaire : les pouvoirs du Parlement et du Premier ministre s'en trouveraient renforcés au détriment de celle du président de la République. Néanmoins, cette solution est loin d'être plébiscitée par nos concitoyens, encore largement attachés à la figure du président de la République. Seuls 24 % des Français souhaitent ainsi la mise en place d'un régime parlementaire[30], c'est extrêmement faible. C'est donc vers une situation intermédiaire que nous devons évoluer et cette celle-ci, que nous appelons de nos vœux de longue date, est par ailleurs extrêmement simple à mettre en œuvre[31]. Une solution simple serait ainsi de modifier le calendrier électoral en plaçant les élections législatives le même jour que l'élection présidentielle. Les législatives ne seraient plus de simples élections de confirmation de l'élection présidentielle, et la place du Parlement dans la vie politique s'en verrait recentrée.

Le rapport de force issu du premier tour des législatives et de la présidentielle obligerait ainsi les partis à négocier, afin de faire émerger une majorité politique au second tour. Un gouvernement représentant davantage les équilibres politiques réels serait formé, diminuant la défiance générale de l'électorat. Cette solution allierait finalement stabilité institutionnelle et meilleure représentativité démocratique. Elle aurait, par ailleurs, l'avantage de pouvoir être mise en œuvre par une procédure législative classique au Parlement.

La modification du calendrier électoral doit également s'accompagner d'une mise en place d'une dose substantielle de proportionnelle lors des élections législatives afin que l'Assemblée nationale représente mieux la diversité d'opinion au sein de la population. Les Français sont par ailleurs majoritairement dans l'attente d'une telle réforme :

61 % de nos concitoyens sont ainsi favorables à l'élection d'une partie des députés au scrutin majoritaire, comme actuellement, et de l'autre partie au scrutin proportionnel[32].

Approfondir la démocratie par l'instauration de mécanismes participatifs

Le problème de la défiance dans les institutions et les acteurs politiques est néanmoins tellement ancré qu'une seule réforme de la démocratie représentative risque d'être insuffisante[33]. Il faut en effet bien prendre conscience de la mutation majeure qui touche les sociétés occidentales depuis une trentaine, voire une quarantaine, d'années. Pendant toutes les Trente Glorieuses, les citoyens étaient extrêmement dociles par rapport aux institutions politiques : le vote était une pratique admise par l'immense majorité et les représentants, tout comme les institutions politiques, étaient jugés, par essence, légitimes. Les citoyens acceptaient de placer leur sort entre les mains de représentants politiques élus et de n'être appelés à exprimer leur opinion qu'au moment des élections. Bref, les citoyens étaient déférents par rapport aux institutions. Mais cette mentalité change avec la génération des post-baby-boomers[34]. Les nouvelles générations n'acceptent en effet plus de signer un blanc-seing aux représentants politiques et de leur laisser une pleine latitude de mouvement pendant toute la durée de leur mandat. Pour le dire autrement, ils veulent participer plus directement en politique, sans passer en permanence par l'intermédiaire de représentants politiques. Le sentiment de se voir déposséder du pouvoir par ces représentants politiques est à la source de la défiance institutionnelle, qui, elle-même, est à la source du complotisme. Un tel rapport à la démocratie participative se perçoit lorsque l'on demande l'opinion des Français concernant la convention citoyenne sur le climat. 66 % des moins de trente-cinq ans jugent ainsi qu'il faut généraliser cette manière de débattre de sujets importants et ne pas laisser seulement les représentants politiques décider, quand ce chiffre tombe à 47 % chez les soixante ans et plus[35].

Plus précisément, de notre point de vue, deux mécanismes doivent être mis en place afin de faire en sorte que les citoyens soient davantage impliqués dans le processus politique. Le premier élément à mettre en place est le référendum d'initiative citoyenne (RIC). Le RIC permet aux citoyens de proposer une mesure législative (initiative législative) ou un amendement constitutionnel (initiative constitutionnelle) s'ils sont en mesure de soumettre une pétition comportant un nombre requis de signatures de citoyens. Si la pétition comporte suffisamment de signatures, alors le texte est soumis au vote de l'ensemble électoral. Bien sûr, la mise en place du référendum d'initiative citoyenne nécessite une réflexion en profondeur concernant sa mise en application et concernant les garde-fous devant être introduits pour que ce mécanisme ne soit pas trop peu utilisé, ni utilisé en permanence. On pourrait également réfléchir à une période de délibération entre le moment où la pétition est reçue et où le vote a lieu, à l'aide d'un comité de citoyens tirés au sort et dont la mission serait finalement d'éclairer le reste de la population concernant les avantages et les inconvénients de la mesure envisagée[36]. En définitive, les modalités du RIC nécessitent d'être bien pensées. Néanmoins, ce mécanisme permettant à échéance régulière aux citoyens de participer directement en politique sans en passer par des représentants politiques élus serait un moyen de donner un bol d'air sans précédent à la démocratie française. Les Français plébiscitent par ailleurs une telle mesure : 73 % des Français sont d'ailleurs favorables à la mise en place d'un référendum d'initiative citoyenne pouvant entraîner la révision d'un article de la Constitution[37].

De notre point de vue, le RIC devrait être associé à une autre mesure de démocratie directe : le référendum révocatoire. En déposant une pétition comportant le nombre requis de signatures valides, les citoyens peuvent imposer un vote sur le maintien en fonction du représentant politique concerné. Si le référendum révocatoire est couronné de succès, une élection spéciale suit généralement. Le rappel le plus médiatisé a sans doute eu lieu en Californie en 2003, lorsque le gouverneur de l'État en place, Gray Davis, a été démis de ses fonctions et qu'il a abouti à l'élection d'Arnold Schwarzenegger comme nouveau gouverneur. De notre point de vue, cet instrument pourrait être décisif, afin de pacifier, de ramener de la confiance dans les institutions et de couper l'herbe sous le pied au complotisme. En effet, lorsque l'on regarde l'état de l'opinion publique, on se rend compte assez rapidement que la problématique majeure est celle du manque de contrôle des citoyens sur leurs représentants politiques. Beaucoup ont l'impression que ces derniers ont une totale liberté d'agir, sans qu'il soit possible de les contrôler pour les citoyens « ordinaires ». 70 % des Français pensent ainsi que les représentants politiques sont déconnectés de la réalité et ne servent que leurs propres intérêts. La possibilité de révoquer un élu lorsque celui-ci n'a pas tenu ses engagements serait ainsi le moyen parfait pour contribuer à déconstruire l'image d'une classe politique à part, déconnectée du reste de la population. Parce qu'entre la sensation de politiques n'agissant que dans leur propre intérêt et déconnectés de l'intérêt public et une vision du monde complotiste attribuant la responsabilité de tous les évènements à ces élites, il n'y a finalement qu'un pas.

3
Économie et social, un sujet clivant

La campagne présidentielle française de 2022 a été pour le moins particulière, tant les événements internationaux liés à la guerre en Ukraine, associés à un président sortant ne souhaitant pas débattre avec les autres candidats ont donné à beaucoup de citoyens l'impression d'une campagne tronquée. Plus encore, lorsque des débats avaient bien lieu, ils portaient essentiellement sur les questions culturelles et sociétales davantage que sur les questions économiques et sociales. C'est notamment dans ce contexte-là qu'Éric Zemmour, pourtant inconnu en politique quelques mois auparavant, réussit une percée médiatique et sondagière à la fin de l'automne 2021, sans pouvoir pour autant transformer l'essai au moment du scrutin.

Pour autant, la donne a bien changé aujourd'hui, lorsque l'on regarde les enjeux qui préoccupent le plus nos concitoyens[38], la question du pouvoir d'achat arrive loin devant, en étant citée par 54 % des Français. L'avenir du système social arrive quant à lui en troisième position (26 %), derrière les enjeux environnementaux (36 %), mais devant les enjeux sociétaux de délinquance (18 %) et d'immigration (18 %).

Graphique 1. Les enjeux qui préoccupent le plus les Français.

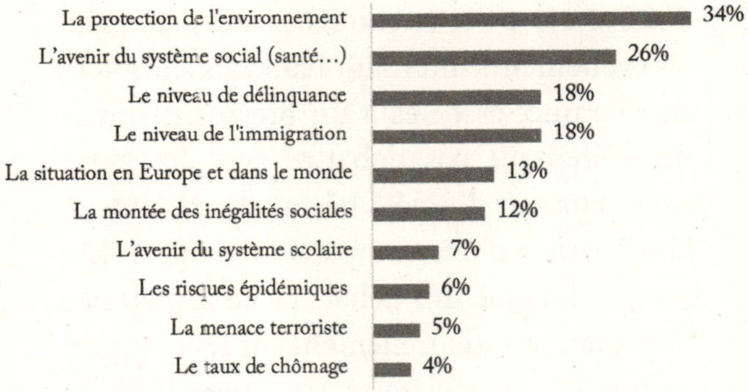

Les enjeux économiques et sociaux préoccupent donc bien nos concitoyens, dans un contexte extrêmement tendu, où l'inflation grève le budget des ménages et où la rentrée politique de l'automne 2022 est centrée sur la question des retraites. Comment les Français se positionnent-ils sur ces questions économiques et sociales ? Historiquement, ces questions ont particulièrement clivé la société, avec des idéologiques fortement marquées en fonction de l'axe gauche/droite : communisme et socialisme d'un côté, capitalisme et libéralisme économique de l'autre.

À bien des égards, des clivages assez fortement marqués sur les questions économiques et sociales demeurent au sein de la société française, ce n'est clairement pas un thème consensuel. Néanmoins, ce que l'on a de plus en plus tendance à remarquer également, c'est à quel point les Français ne sont plus idéologues sur les questions économiques et sociales[39] : leur opinion sur ces enjeux ne se structure plus selon une grande idéologie, mais évolue en fonction des différents sujets, des différents piliers composant les problématiques économiques et sociales. Nous allons donc étudier l'opinion des Français sur quatre grands thèmes économiques et sociaux : leur rapport au libéralisme économique, leur rapport à l'État providence et à la solidarité sociale, la question de la justice sociale et, enfin, leur rapport à l'enjeu de flexibilisation du marché du travail.

Libéralisme ou étatisme ?

Concentrons-nous tout d'abord sur la question du libéralisme économique. L'enquête *Fractures françaises* propose une question extrêmement intéressante à ce niveau, en demandant aux Français de choisir entre les deux options suivantes : « pour relancer la croissance, il faut limiter au maximum le rôle de l'État dans l'économie française et donner aux entreprises le plus de liberté possible » ou bien « pour relancer la croissance, il faut renforcer le rôle de l'État dans certains secteurs de l'économie française jugés porteurs ou stratégiques ».

Graphique 2. Évolution de la préférence des Français concernant l'intervention de l'État dans l'économique et le libéralisme économique.

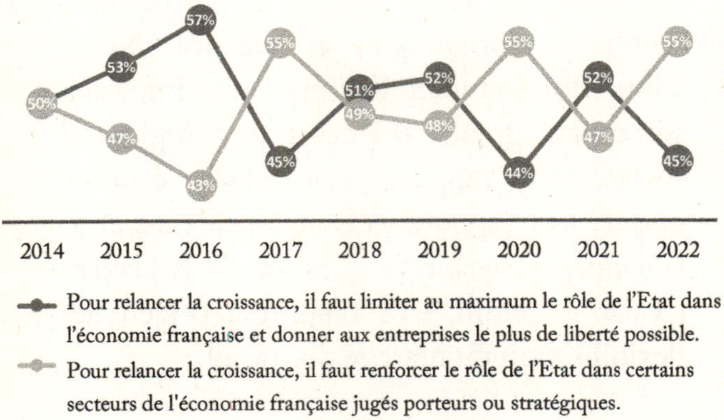

Les données longitudinales nous donnent tout d'abord quelques résultats intéressants à commenter : il existe bien des variations d'année en année sur cette question. Pendant toute la fin du quinquennat Hollande, la préférence pour le libéralisme était assez claire, 57 % des sondés se positionnaient en faveur du libéralisme, contre seulement 43 % pour une intervention plus massive de l'État. La donne a fortement changé à l'heure actuelle, avec une situation quasiment inverse, désormais 55 % des Français plaident pour un interventionnisme accru de l'État dans les secteurs clés de l'économie, tendance conforme à ce qui était analysé par d'autres auteurs sur le temps long[40].

Néanmoins, outre ce plus grand scepticisme des Français concernant le libéralisme économique, un autre point mérite immédiatement d'être mentionné : nous ne sommes pas en présence d'une tendance claire, d'une majorité extrêmement importante de Français qui préféreraient une option à une autre. Pour le dire autrement, cette question clive fortement l'opinion publique. Cela se constate assez clairement lorsque l'on regarde le profil des personnes interviewées favorables à une des deux options plutôt qu'à l'autre. Regardons par exemple les tendances en termes d'âge des répondants : aucune différence majeure ne se constate entre les générations.

Graphique 3. Préférence des Français pour le libéralisme économique/l'intervention de l'État dans l'économie, en fonction de l'âge.

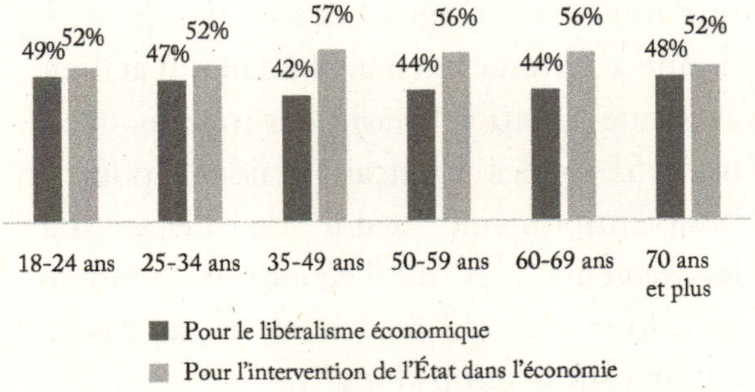

S'il y a bien un clivage sur cette question, c'est en termes politique qu'il peut s'analyser. Analysé comme mort et enterré au moment de la victoire d'Emmanuel Macron en 2017, l'axe gauche/droite structure encore largement le paysage politique sur la question du libéralisme économique. Les proches des partis de gauche sont ainsi farouchement opposés à une limitation du rôle de l'État, quand les proches des partis de droite y sont plus fortement attachés.

Graphique 4. Préférence des Français pour le libéralisme économique/l'intervention de l'État dans l'économie, en fonction de la proximité partisane.

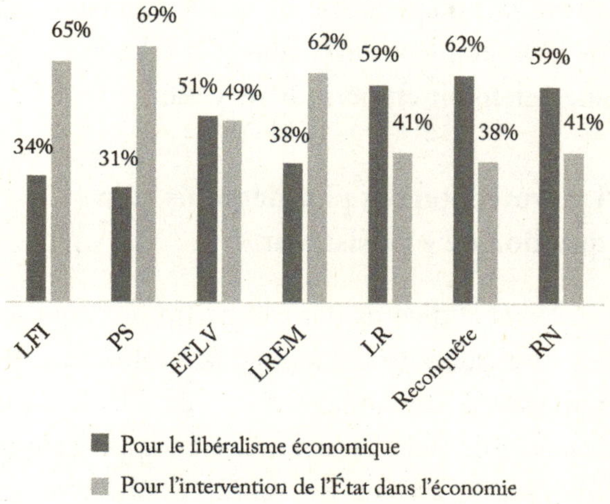

À ce niveau, la situation des proches de La République en marche (LREM) mérite d'être analysée avec un peu plus de précision : alors qu'en 2017, 50 % souhaitaient une réduction du rôle de l'État dans l'économie, ils ne sont désormais plus que 38 % sur cette ligne. Cela pourrait paraître étonnant tant le profil sociologique des électeurs LREM s'est « droitifié » depuis 2017, mais cela illustre finalement bien le phénomène que nous décrivions en début de cette partie, il y a bien une baisse globale de l'attrait pour le libéralisme économique depuis une dizaine d'années. À n'en pas douter, la crise liée au Covid-19 a joué un rôle moteur à ce niveau en montrant à chacun que l'intervention de l'État dans l'économie était quelque chose d'indispensable et que les entreprises ne pouvaient pas être livrées à elles-mêmes, spécialement en période de crise.

La protection des plus démunis et la question de « l'assistanat »

Nous le disions dans la partie précédente, les Français sont davantage favorables qu'auparavant à une intervention de l'État dans l'économie. On pourrait donc supposer que cela se retranscrit de manière similaire au niveau social, avec une volonté de renforcer l'État providence pour venir en aide aux plus démunis. Pour autant, c'est loin d'être le cas. Lorsqu'on demande aux Français si l'on évolue vers trop d'assistanat en France ou, au contraire, s'il n'y a pas assez de solidarité envers les gens qui en ont besoin, la balance penche très clairement vers la première option : 63 % des Français trouvent que l'on évolue vers trop d'assistanat en France. De manière plus intéressante encore, ce rejet de l'assistanat est en augmentation de cinq points en l'espace d'un an. Bien sûr, ce thème n'est pas récent, tant il fut popularisé en 2011 par

Laurent Wauquiez, fustigeant un « cancer de l'assistanat ». Mais il semblerait néanmoins que des déclarations récentes provenant de leaders politiques de différents spectres du champ politique aient renforcé cette position. Dans un entretien réalisé le 14 juillet 2022, Emmanuel Macron avait ainsi déclaré, au sujet des travailleurs refusant certains postes : « S'ils peuvent trouver et aller vers un autre métier, je l'entends très bien. Si, derrière, la réponse, c'est "je vais bénéficier de la solidarité nationale pour réfléchir à ma vie", j'ai du mal à l'entendre. Parce que cette solidarité nationale, c'est ceux qui bossent qui la payent, et une nation, c'est un tout organique[41]. » Mais de manière bien plus surprenante, c'est Fabien Roussel, secrétaire du Parti communiste français (PCF), qui, quelques semaines plus tard, a effectué une sortie assez similaire en déclarant : « La gauche doit défendre le travail et le salaire et ne pas être la gauche des allocations, des minima sociaux et des revenus de substitution[42]. »

Or justement, quand on regarde plus précisément comment ce rejet de l'assistanat se répartit dans les différentes catégories sociales, on remarque qu'aucune catégorie sociale ne se prononce majoritairement en faveur de davantage de solidarité. Si les retraités sont les plus véhéments sur cette question, jugeant à 77 % que l'on évolue vers trop d'assistanat, les catégories plus défavorisées ne sont pas en reste : 60 % des employés et 62 % des ouvriers partagent le même constat, des chiffres même plus élevés que pour les cadres supérieurs (57 %).

Graphique 5. Position des Français sur l'assistanat et la solidarité, en fonction de la catégorie socio-professionnelle.

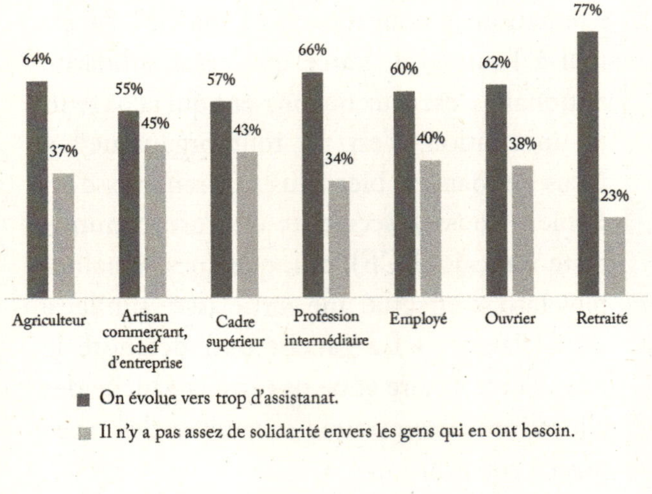

En termes politiques, la répartition que l'on constatait sur le libéralisme économique est toujours extrêmement pertinente : les proches des partis de gauche sont majoritairement pour davantage de solidarité, c'est l'inverse que l'on constate pour les proches des partis du centre et de droite.

Il est d'ailleurs frappant de constater à quel point le rejet de « l'assistanat » crispe ces électorats du centre et de la droite : 77 % des proches de LREM, 87 % des proches de Les Républicains (LR) et 76 % des proches du Rassemblement national (RN) jugent que l'on évolue vers trop d'assistanat.

Graphique 5B. Position des Français sur l'assistanat et la solidarité en fonction de la proximité partisane.

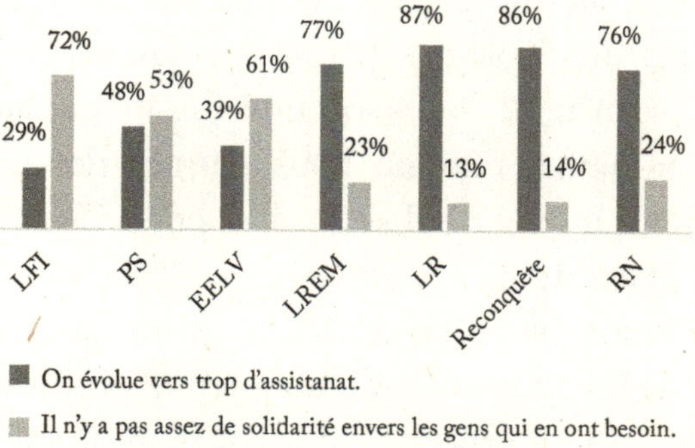

Ce rejet de la solidarité s'explique largement par l'individualisme dont font preuve une large partie de nos concitoyens et par la méfiance qu'ils éprouvent par rapport à autrui. Ainsi, quand on leur demande si « on est jamais trop prudent quand on a affaire aux autres » ou si au contraire « on peut faire confiance à la plupart des gens », 74 % des Français jugent que l'on n'est jamais assez trop prudent. Cette réponse n'est pas sans conséquence d'une manière globale : elle vient fracturer l'unité de la société. Mais plus encore, elle se répercute de manière extrêmement concrète sur cet enjeu économique du rejet de l'État providence, lorsqu'il serait, supposément, dévoyé.

Pour autant, sommes-nous en présence d'un possible retournement à ce niveau ? Lorsqu'on regarde comment les réponses à ces questions se distribuent en fonction de l'âge, on remarque que plus les Français sont jeunes, plus ils sont favorables à davantage de solidarité. 57 % des 18-24 sont favorables à cela, contre 21 % des soixante-dix ans et plus. Néanmoins, rien ne nous permet de dire pour le moment s'il s'agit d'un effet d'âge ou de génération. Les jeunes « solidaristes » le resteront-ils, ou au contraire, l'effet du cycle de vie les poussera-t-il à adopter un positionnement plus proche de celui de leurs aînés ?

Justice sociale et redistribution

Si l'on se fie à nombre d'articles de journaux, les Français, structurellement envieux et jaloux, « n'aimeraient pas les riches[43] ». Sans entrer dans ces outrances éditorialistes, la question de la redistribution et de la justice sociale est néanmoins un vrai sujet politique. Rappelons ainsi qu'Emmanuel

Macron en 2018 avait utilisé l'expression des « premiers de cordée » pour mettre en avant l'effet d'entraînement que pourraient avoir les citoyens les plus dotés économiquement sur l'ensemble de la société.

Pour autant, les Français ne semblent pas partager cette vision. Lorsqu'on leur demande si « plus il y a de riches, plus cela profite à l'ensemble de la société », seulement 41 % de nos compatriotes sont d'accord avec cette assertion, contre 46 % en 2020.

Mais élargissons un petit peu le sujet en se focalisant sur la question de la justice sociale à proprement parler en demandant aux Français si « pour établir la justice sociale, il faudrait prendre aux riches pour donner aux pauvres.

Graphique 6. Positionnement des Français sur la question suivante : « Pour établir la justice sociale, il faudrait prendre aux riches pour donner aux pauvres ? »

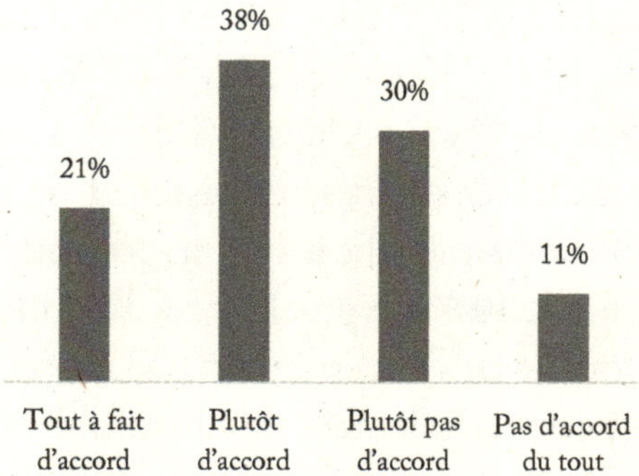

Comme on le constate sur le graphique 6, 59 % des Français sont d'accord avec cette idée, quand le pourcentage de personnes totalement en désaccord avec une telle politique sombre à 11 %. Plus encore, ces chiffres sont particulièrement stables depuis une dizaine d'années. Le niveau de revenus joue évidemment un rôle essentiel à ce niveau. Plus le revenu mensuel net de leur foyer est faible, plus les Français valident cette option redistributive. Néanmoins, même les Français les plus richement dotés ne sont pas opposés à davantage de redistribution : chez les revenus les plus élevés (supérieur à 5 000 euros par mois), 49 % des Français sont d'accord avec cette idée.

La distribution selon la proximité partisane est également riche d'enseignements : les Français proches des partis de gauche sont massivement pour cette politique redistributive : 87 % chez les proches de La France insoumise (LFI), 78 % chez les proches d'Europe Écologie-Les Verts (EE-LV), 77 % chez les proches du Parti socialiste (PS). À l'opposé, les proches des partis centristes et de droite s'opposent à une telle solution, pour atteindre seulement 30 % de proches des Républicains d'accord avec cette solution. Mais cet item nous permet également de comprendre ce qui fracture fondamentalement le bloc d'extrême droite. Quand les proches du Rassemblement national sont majoritairement d'accord avec davantage de redistribution (58 %), c'est loin d'être le cas chez les proches du parti d'Éric Zemmour (27 %).

Graphique 7. Pourcentage de Français étant d'accord avec l'idée que « pour établir la justice sociale, il faudrait prendre aux riches pour donner aux pauvres », en fonction de la proximité partisane.

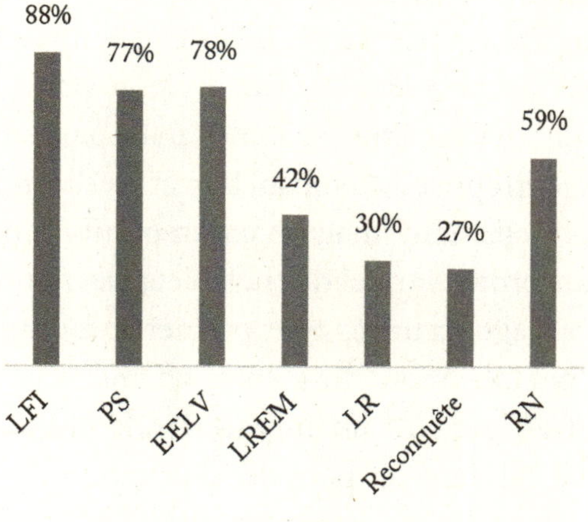

Flexibilité du marché du travail ou protection des travailleurs ?

Enfin, il est nécessaire d'aborder un dernier point, celui de la flexibilisation du marché du travail. Depuis plusieurs années en effet, de nombreux économistes libéraux sont venus expliquer qu'une part substantielle du chômage serait due à un marché du travail trop rigide, qui ne permettrait pas de réaliser un bon appariement entre l'offre et la demande de main-d'œuvre. Dans un univers de l'immédiateté, où les entreprises se doivent d'être réactives, les normes censées protéger les travailleurs – comme le Code du travail – seraient en réalité des freins à l'emploi et mériteraient donc d'être allégées. Plus récemment encore, une version « sociale-démocrate » de cette théorie est apparue, celle de la « flexisécurité » : le marché du travail devrait être flexibilisé pour permettre aux entreprises d'embaucher et de licencier plus facilement, mais en contrepartie, le parcours professionnel du travailleur devrait être davantage sécurisé, pour permettre à celui-ci de mieux « rebondir » entre chaque emploi, tout en gardant un niveau d'indemnisation élevé pendant ces périodes de creux.

Force est de constater que les Français ne sont pas des fervents défenseurs de cette conception libérale du marché du travail : 39 % seulement pensent que l'on devrait donner davantage de flexibilité au marché du travail quand 49 % jugent au contraire que l'on devrait renforcer les protections des travailleurs et 12 % conserver la situation en l'état. Les Français sont donc partagés sur cette question, mais leur vision « protectrice » tend à augmenter au fil des ans. En effet, depuis 2016, la part des Français partageant une conception libérale du marché du travail a baissé de 12 points, quand la part de nos compatriotes favorables à davantage de protections a augmenté de six points. C'est un élément qu'il faut bien garder en tête : le sentiment d'insécurité qui existe chez une part substantielle des Français concerne également les questions sociales. La peur de se retrouver sans emploi, d'être « déclassé », selon la formule consacrée, est bien réelle et se traduit dans les chiffres que nous venons de présenter. Quand 69 % des Français sont d'accord avec l'idée « qu'en France, c'était mieux avant », cette nostalgie désigne tout particulièrement la situation « d'abondance » des Trente Glorieuses avec un plein-emploi et une crainte du futur beaucoup moins importante qu'elle ne l'est aujourd'hui. Déjà en 2006, selon l'Eurobaromètre de la Commission européenne, 76 % d'entre eux craignaient que la situation de leurs enfants ne soit moins bonne que la leur et force est de constater que cela ne s'est pas amélioré depuis.

En termes de caractéristiques sociopolitiques, cette demande de flexibilisation du marché du travail ne se retrouve qu'au sein de trois électorats particuliers : les proches de LREM (55 %), les proches des Républicains (63 %) et les proches de Reconquête ! (59 %). À gauche, comme on pouvait s'y attendre, cette demande de flexibilisation du travail est, au contraire, minoritaire au sein des trois principales formations qui la composent. Pour le Rassemblement national, la situation est plus partagée, même si une nette tendance en faveur de la protection des salariés se dégage (54 % contre 38 % pour davantage de flexibilité).

Graphique 8. Pourcentage de Français en faveur d'une plus grande flexibilité du marché du travail, en fonction de leur proximité partisane.

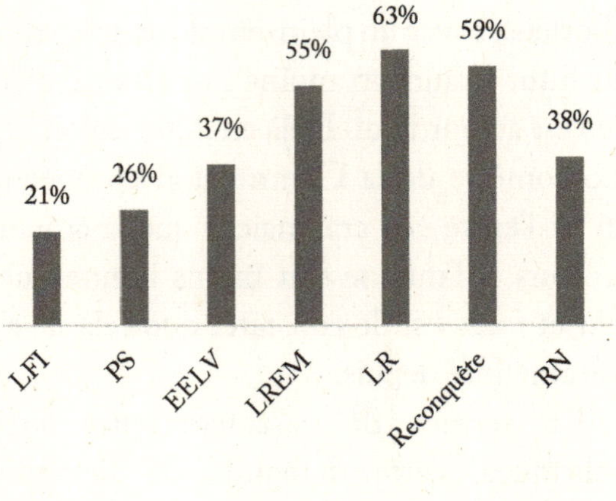

Finalement, c'est une situation des plus paradoxales qui se donne à voir lorsque l'on regarde de plus près le profil des personnes soutenant la flexibilisation du marché du travail : la seule catégorie de Français majoritairement en faveur d'une telle solution sont les plus de soixante-dix ans, ceux qui ne seraient finalement pas touchés par une telle mesure.

Conclusion : trois pôles, mais pas ceux que l'on imagine

Que conclure de ce panorama de l'opinion des Français sur les enjeux économiques et sociaux ? La première chose à dire est que ces questions préoccupent tout particulièrement les Français, dans un contexte de craintes multiples. Ces craintes s'expriment sur le moyen terme, avec l'avenir du système social, mais également sur le court terme, avec des considérations matérielles extrêmement concrètes dans une période où l'inflation rogne le pouvoir d'achat des ménages. Néanmoins, lorsque l'on entre davantage dans le détail, on perçoit assez rapidement que ces enjeux fracturent la société française, nous sommes très loin d'un consensus global sur la question. Mais plus encore, il apparaît assez clairement que le positionnement des Français sur ces enjeux ne se distingue plus clairement selon l'axe gauche/droite. Il existe trois pôles de valeurs sur les questions économiques et sociales, mais qui ne regroupent pas les partis auxquels on aurait pu penser de prime abord.

Un pôle social, interventionniste et redistributif

Un premier pôle regroupe les proches des différents partis de gauche (LFI/PS/EE-LV). Ces Français sont largement en faveur de l'intervention de l'État dans l'économie, réclament davantage de solidarité envers les plus faibles, davantage de redistribution des richesses et s'opposent globalement à une flexibilisation accrue du marché du travail.

Un pôle (néo)libéral

Le second bloc regroupe les proches de LREM, des Républicains et de Reconquête !. De prime abord, cet attelage peut paraître hétéroclite, mais force est néanmoins de constater la proximité idéologique qui rassemble les proches de ces trois formations politiques sur les questions économiques et sociales. Tous pensent en effet que l'on évolue vers trop d'assistanat, s'opposent à des politiques plus redistributives et sont en faveur d'une plus grande flexibilisation du marché du travail. Un point les distingue néanmoins : alors que les proches de LREM pensent que dans certaines circonstances l'État doit intervenir dans l'économie pour soutenir les secteurs stratégiques, les proches des Républicains et de LR s'y refusent. Nous sommes donc en présence de deux versions du libéralisme économique : un pôle « classique » comprenant LR et Reconquête ! refusant l'intervention de l'État dans l'économie, quelles que soient les circonstances, et un pôle néolibéral, comprenant les proches de LREM, jugeant globalement que l'État ne doit intervenir dans l'économie que pour soutenir les secteurs porteurs et stratégiques.

Un pôle « produceurist »

Bien souvent le Rassemblement national est qualifié de parti « populiste ». Si dans la bouche de ceux qui l'emploient, ce terme fait office de synonyme pour « démagogue », il correspond néanmoins à une réalité scientifique plus précise : le fait que l'opposition structurelle au sein de la société opposerait des élites corrompues à un peuple vertueux, dont les leaders populistes s'en feraient les héraults. Or, si l'on regarde les questions économiques qui nous occupent dans ce chapitre, on perçoit que les proches du Rassemblement national s'opposent à la fois à la mainmise des élites sur l'économie (ils sont pour davantage de redistribution), mais qu'ils rejettent dans le même temps les « profiteurs » du bas, d'où une mise à l'index de l'assistanat. Au contraire, le peuple « vertueux », celui des travailleurs, nécessiterait d'être protégé, d'où une opposition globale à la flexibilisation du marché du travail. Cette valorisation de la France qui travaille face aux profiteurs du haut et du bas fait clairement écho au terme de *producerism* popularisé par Gilles Ivaldi[44] et constitue donc le troisième pôle de positionnement sur les questions politiques, celui des proches du Rassemblement national.

4
Les questions sociétales : l'axe gauche/droite n'est pas mort

Nous le disions en introduction, les questions économiques et sociales préoccupent à l'heure actuelle beaucoup plus les Français que les questions sociétales. Cela était beaucoup moins vrai à la fin de l'année 2021, où l'insécurité arrivait en seconde place du classement des enjeux qui préoccupaient le plus nos concitoyens. Ce n'est finalement pas une surprise si, dans ce contexte particulier, Éric Zemmour réalisa une percée, au point d'être en position de se qualifier pour le second tour de l'élection présidentielle par certains instituts de sondage.

Si les enjeux sociétaux font donc moins l'actualité en ce début de second quinquennat Macron, il n'en demeure pas moins qu'il est absolument nécessaire de les analyser avec précision. Ainsi, l'émotion suscitée par certaines affaires de violences sexistes et sexuelles dans le monde politique (affaire Quatennens, affaire Darmanin…) montre bien à quel point la société peut être en tension sur ces sujets de société. Dans ces conditions, nous allons étudier l'opinion des Français sur plusieurs grands thèmes.

Le rapport aux étrangers et à l'immigration

Concentrons-nous tout d'abord sur le rapport des Français à l'immigration. À ce niveau, deux questions sont particulièrement riches d'enseignement : est-ce qu'il y a trop d'étrangers en France et est-ce que les immigrés font suffisamment d'efforts pour s'intégrer en France ?

Graphique 1. Évolution du positionnement des Français sur l'accueil des étrangers en France.

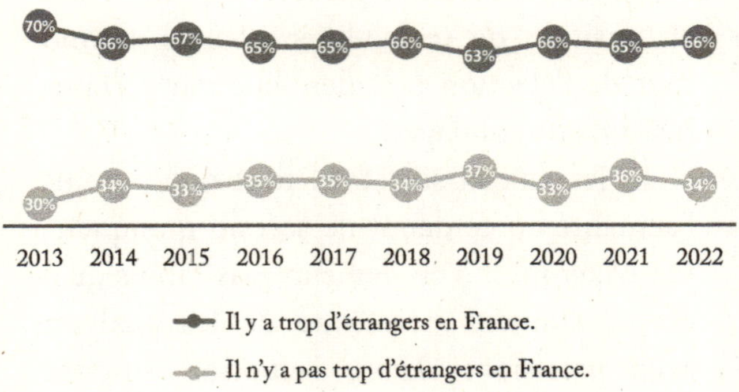

Graphique 2. Évolution du positionnement des Français sur l'intégration des immigrés.

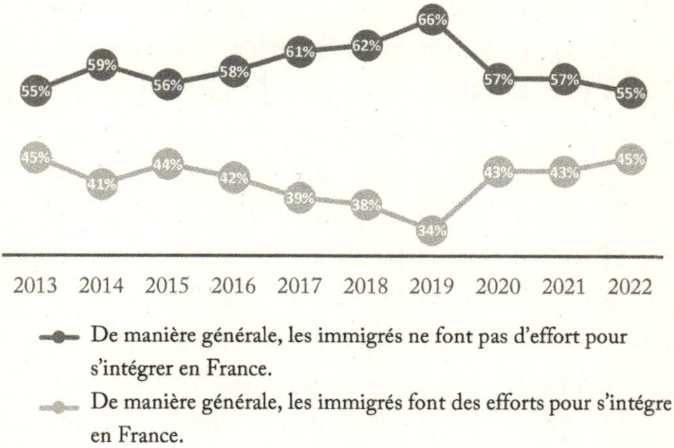

Il est tout d'abord absolument essentiel de mentionner à quel point les Français sont fermés sur cette question de l'immigration. Deux tiers des Français considèrent ainsi à l'heure actuelle qu'il y a trop d'étrangers en France et 55 % sont d'accord pour dire que, de manière générale, les immigrés ne font pas d'effort pour s'intégrer en France. Lorsque l'on regarde l'évolution depuis 2013, on remarque par ailleurs à quel point cette position de rejet de l'immigration est restée majoritaire sur cette période et qu'elle était même encore plus largement partagée en 2019, où 66 % des Français jugeaient que les immigrés ne faisaient pas suffisamment d'efforts pour s'intégrer. Ce n'est donc pas une surprise si, dans ces conditions, les candidats d'extrême droite ont obtenu plus de 32 % des suffrages lors du premier tour de la présidentielle. Le rejet de l'immigration, ou tout du moins les craintes suscitées par celle-ci, est partagé par bon nombre de Français. Il faut par ailleurs se défaire d'une vision qui consisterait à expliquer ces prises de position par la seule question économique : dans un contexte de précarité et d'inquiétudes pour l'emploi et le pouvoir d'achat, l'immigration serait alors considérée comme néfaste en amenant un surplus non désirable de travailleurs. Or, justement, lorsque l'on demande aux Français si le fait de réduire le nombre d'immigrés permettrait de réduire le nombre de chômeurs, 59 % pensent au contraire que cela n'aurait pas d'impact.

Graphique 3. Positionnement des Français sur l'impact économique de l'immigration.

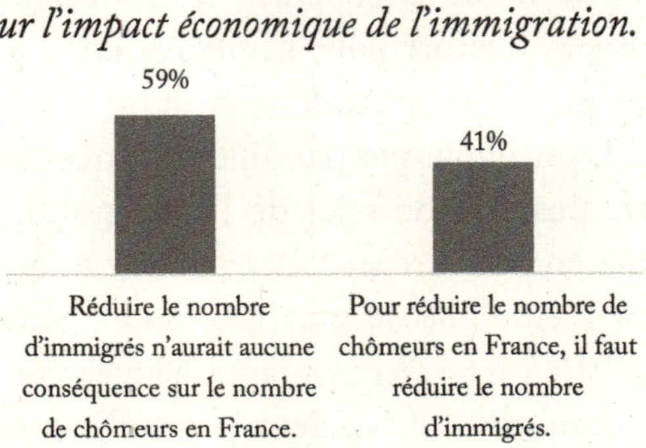

Le croisement de cette question avec celles précédemment évoquées montre bien à quel point il existe un relent xénophobe en France : les Français s'opposent majoritairement à l'immigration, tout en étant conscients de l'absence d'impacts économiques négatifs que cela a sur l'économie. Quelque chose d'uniquement culturel se joue ainsi ici et il faut bien avoir conscience de ce point plutôt que de l'ignorer : à l'heure actuelle, 62 % des Français jugent qu'aujourd'hui on ne se sent plus chez soi comme avant.

Regardons maintenant comment les Français se positionnent sur ce sujet en fonction de leur proximité partisane.

Graphique 4. Pourcentage de Français partageant les opinions suivantes, en fonction de la proximité partisane.

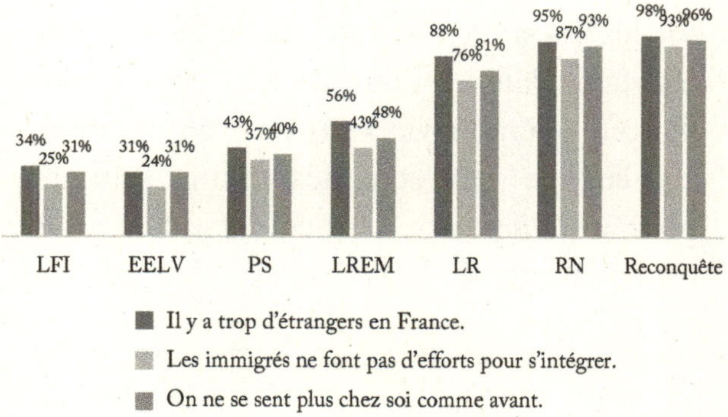

Deux choses extrêmement intéressantes sont visibles sur ce graphique. Il nous montre tout d'abord à quel point sur cette question l'axe gauche/droite n'a pas perdu en signification pour expliquer les valeurs politiques : les proches des partis de gauche sont majoritairement favorables à l'immigration quand les proches des partis de droite y sont majoritairement opposés. Le parti présidentiel se trouve quant à lui dans une position plus intermédiaire. Mais plus encore, ces données nous montrent à quel point le rejet de l'immigration est partagé par une part absolument pas négligeable de l'électorat de gauche : 33 % des proches de La France insoumise, 31 % des proches d'Europe Écologie-Les Verts et 43 % des proches du Parti socialiste pensent qu'il y a trop d'étrangers en France.

Un motif d'espoir existe néanmoins lorsque l'on regarde l'ouverture des Français sur les questions migratoires en fonction de leur âge. Plus les Français sont jeunes, plus ils sont tolérants vis-à-vis de l'immigration. Est-ce que cela sera néanmoins suffisant pour entraîner un retournement global sur le moyen terme de l'opinion des Français sur ces enjeux ?

Graphique 5. Pourcentage de Français déclarant que « les immigrés font des efforts pour s'intégrer en France », en fonction de l'âge.

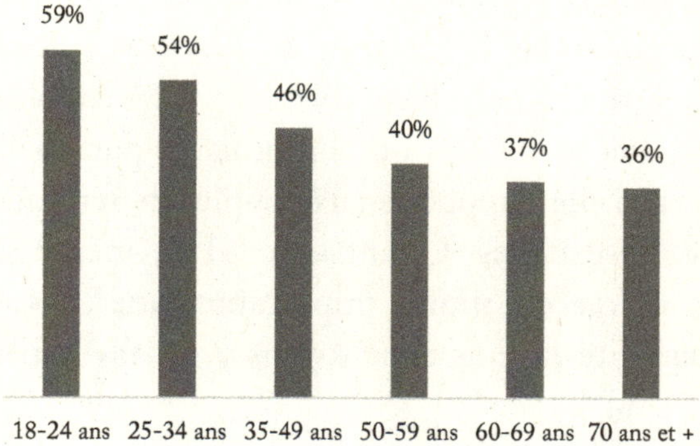

Les questions sociétales

Nous allons maintenant nous intéresser à d'autres enjeux sociétaux : comment les Français se positionnent par rapport au combat féministe et homosexuel et plus globalement vis-à-vis des nouveaux droits qui sont vigoureusement discutés depuis quelques années, comme la PMA ou la GPA. Comme la mise en place du mariage pour tous l'avait montré sous le quinquennat de François Hollande, ces sujets peuvent être à l'origine de vives tensions au sein de la société. Néanmoins, la question est de savoir si ces oppositions proviennent d'une minorité agissante ou d'une plus large partie de la population.

Regardons tout d'abord le positionnement des Français sur les questions liées à la procréation médicalement assistée et à la gestation pour autrui. Comme le graphique suivant nous le montre, les Français y sont majoritairement favorables : la PMA est plébiscitée par 67 % des Français et par 63 % lorsqu'elle s'applique aux couples de femmes homosexuelles. Quant à la GPA, même si la marge est moins importante, une courte majorité de nos concitoyens y est favorable (51 %)[45].

Graphique 6. Pourcentage de Français étant d'accord avec différentes mesures sociétales.

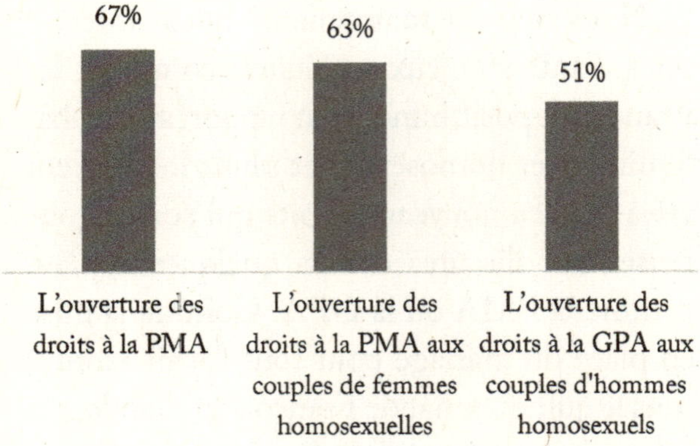

Cette ouverture vis-à-vis de la PMA et – dans une moindre mesure – vis-à-vis de la GPA se couple par ailleurs à une augmentation globale de la tolérance vis-à-vis des minorités sexuelles. Les données des enquêtes valeurs menées au niveau européen depuis le début des années 1980 nous donnent à ce niveau des informations extrêmement utiles. En questionnant les Français sur deux points, le refus d'avoir des voisins homosexuels et le fait que l'homosexualité soit toujours justifiée ou non, elle nous permet de déterminer le degré d'ouverture des Français sur le sujet.

Graphique 7. Évolution de l'opinion des Français sur la question de l'homosexualité.

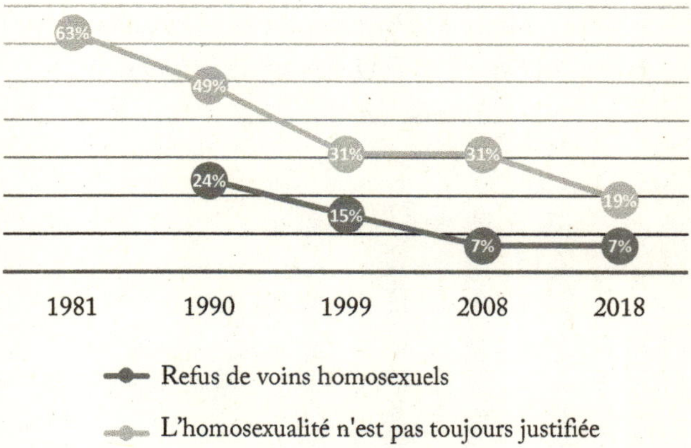

Comme ce graphique nous le montre, le rejet de l'homosexualité a très fortement baissé depuis quarante ans. Considérons bien ce point, en 1981, 63 % des Français trouvaient que l'homosexualité n'était pas toujours justifiée. Aujourd'hui, et même si ce chiffre est encore trop élevé, cela ne concerne plus que 19 % de nos concitoyens. C'est un constat similaire que l'on observe sur le fait d'accepter ou non d'avoir des voisins homosexuels : en 1990, près d'un quart des Français refusaient strictement cette possibilité, ce n'est plus que 7 % aujourd'hui.

Mais regardons maintenant comment se répartit la tolérance pour les droits des minorités sexuelles, en fonction de la proximité partisane des Français.

Graphique 8. Pourcentage de Français en faveur de la PMA pour les couples de femmes homosexuelles.

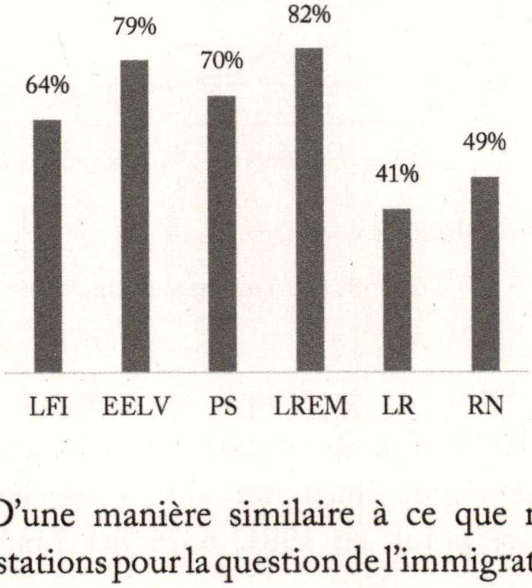

D'une manière similaire à ce que nous constations pour la question de l'immigration, l'axe gauche/droite n'a pas perdu en signification en ce qui concerne les droits des minorités sexuelles : les partis de gauche sont clairement en faveur de ces nouveaux droits quand les partis de droite y sont opposés. À nouveau, les proches du parti gouvernemental se situent clairement dans le camp de la gauche sur ces enjeux de société, eux qui se positionnaient clairement dans le camp libéral sur les questions économiques et sociales.

La progression de l'ouverture des Français sur ces sujets de société est donc clairement manifeste. Néanmoins, on perçoit un point de tension lorsqu'on interroge les Français sur le mouvement féministe : celui-ci est-il allé « trop loin » ou n'en fait-il au contraire pas suffisamment ? Sur cette question, le pays est fracturé en trois blocs d'une taille à peu près similaire : 30 % des Français jugent que les mouvements féministes ne sont pas allés assez loin, 35 % jugent qu'ils vont trop loin et 35 % qu'ils ont trouvé une posture plutôt équilibrée[46]. À nouveau l'espace droite/gauche se dessine clairement sur cet item : les proches des partis de gauche jugent majoritairement que les mouvements féministes ne sont pas allés assez loin, les proches de LREM qu'ils ont une posture équilibrée et les proches des partis de droite et d'extrême droite, qu'ils sont allés trop loin.

Cela est riche d'enseignements, l'ouverture des Français sur ces sujets progresse indéniablement. Néanmoins, la matérialisation concrète de ces luttes, *via* les mouvements féministes notamment, peut être source de tensions au sein de la société.

Conclusion
Un point de rupture bientôt atteint ?

Que retenir de ce panorama général de l'opinion des Français ? Tout d'abord, nous voyons à quel point la société française est complexe, à chaque grand secteur de politiques publiques que nous venons d'analyser, nous constatons que les attentes de nos concitoyens divergent largement. Les lectures globales de la société française, qu'elles se fassent selon l'axe gauche/droite ou selon de nouveaux clivages entre « populistes » et libéraux sont beaucoup trop simplistes pour comprendre la réalité du paysage politique actuel.

Les Français se montrent tout d'abord extrêmement préoccupés par les enjeux environnementaux et par les différentes crises qui touchent notre écosystème. Cette inquiétude est partagée par une large majorité de nos concitoyens, elle ne concerne pas uniquement une « génération climat » qui s'opposerait à des « boomers » peu enclins à mettre en place des mesures fortes pour protéger l'environnement. Plus encore, nous avons constaté à quel point les Français étaient en demande de mesures structurelles extrêmement fortes pour protéger l'environnement. Et insistons bien sur ce terme de « structurel »: si les Français acceptent de prendre des mesures individuelles pour sauvegarder l'environnement, c'est seulement faute de mieux. À l'heure où la sphère privée est devenue le dernier espace où les Français se sentent à l'aise, les injonctions à la sobriété sont acceptées, uniquement parce que le niveau de préoccupation vis-à-vis des questions environnementales est extrêmement fort. Mais les Français veulent que davantage soit fait sur ces sujets, que des mesures structurelles, socialement justes et adaptées à la réalité de chaque territoire soient prises. C'est un impératif catégorique.

Sur les enjeux démocratiques, la situation est clairement explosive. Les français sont profondément insatisfaits de l'état de notre démocratie et il n'y a qu'à regarder l'évolution des taux d'abstention à toutes les élections intermédiaires pour avoir un exemple concret de la matérialisation de cette insatisfaction. Cette défiance générale envers le système et les acteurs politiques pousse une large partie de nos concitoyens à envisager toutes les alternatives, même les plus autoritaires. Mais face à cette tentation autoritaire bien réelle, une autre option existe, celle visant à démocratiser davantage nos institutions. Deux mécanismes pourraient alors être utilisés et ce de manière conjointe. Une première piste consisterait à réformer en profondeur notre démocratie représentative, une seconde à introduire davantage de mécanismes participatifs au sein de nos institutions.

Les enjeux économiques et sociaux préoccupent à l'heure actuelle profondément nos concitoyens, dans un contexte d'inquiétude majeure concernant l'évolution du pouvoir d'achat et de préoccupation vis-à-vis de l'avenir du modèle social français. Néanmoins, on perçoit également à quel point la société est profondément clivée sur ces questions. Trois blocs se distinguent clairement : un bloc interventionniste et redistributif, composé des proches des différents partis de gauche, un bloc libéral composé des proches du parti gouvernemental, des Républicains et de Reconquête ! et enfin un bloc « *producerist* », valorisant le peuple des travailleurs face aux profiteurs du haut et du bas, composé des proches du Rassemblement national.

Enfin, les enjeux sociétaux sont le parfait exemple de la complexité du positionnement des Français. Sur les questions liées à l'immigration, une majorité de Français se montrent extrêmement prudents, voire hostiles vis-à-vis des étrangers et vis-à-vis des capacités d'intégration des immigrés. Sur les questions liées aux droits des minorités sexuelles, l'ouverture des Français progresse largement de génération en génération, même si la politisation de ces sujets peut amener de fortes crispations au sein de l'opinion. Mais plus généralement, ces sujets nous montrent que l'opposition gauche/droite n'a pas totalement disparu : plus les Français sont proches des partis de droite, plus ils sont fermés sur toutes ces questions, plus ils sont proches des partis de gauche plus ils sont ouverts.

Un système partisan en recomposition

Sur un point plus « politique », notre étude nous montre à quel point le système partisan est en pleine recomposition. Certains sujets majeurs comme l'écologie sont assez consensuels au sein de la société, ils n'entraînent pas de divisions majeures de principe chez les proches des différents partis. D'autres sujets plus sociétaux nous montrent à quel point l'axe gauche/droite n'a pas disparu totalement, d'ailleurs, 73 % des Français pensent que cette opposition est toujours structurante. Enfin, les thèmes économiques et sociaux nous laisseraient penser que les clivages politiques de « l'ancien monde » se sont modifiés, avec trois pôles politiques clairement identifiables. Dans une note pour la Fondation Jean-Jaurès[47], nous développions la thèse d'un système partisan multiniveaux : les rapports de force politiques dans les élections locales sont profondément différents de ceux dans les élections nationales. À bien des titres, c'est également un système de valeurs multiniveaux que nous observons à l'issue de cet ouvrage.

Vers un point de rupture ?

Toute cette étude nous montre également en creux à quel point la société française est en tension. Les différentes crises, économiques, sociales, environnementales, démocratiques inquiètent particulièrement nos concitoyens, jugeant avec sévérité les responsables politiques pour leur inaction. Et cette crispation de la société se remarque particulièrement lorsque l'on analyse les principales émotions ressenties par les Français actuellement.

Graphique 1. Les cinq émotions les plus partagées par les Français[48].

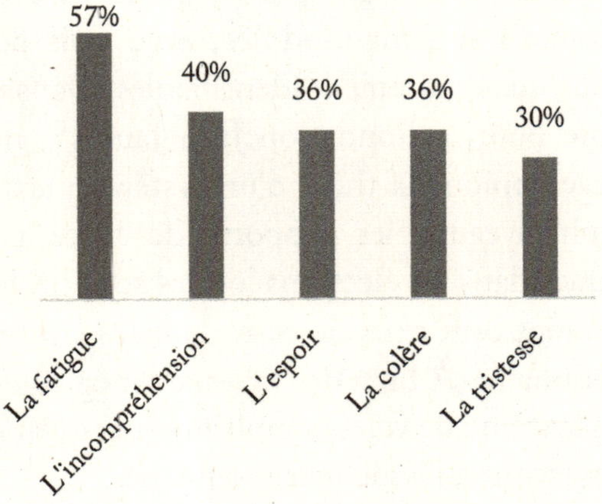

On le voit clairement, sur les cinq émotions les plus partagées par les Français, quatre sont des émotions négatives. Si l'apathie résume le mieux l'état d'esprit des Français à l'heure actuelle, il ne faut néanmoins pas négliger ce chiffre : 36 % de nos concitoyens se disent en colère. Or, si les crises dont nous parlions dans cet ouvrage ne sont pas prises en compte à leur juste valeur, il est fort à parier que cette colère individuelle se mue en colère sociale.

Notes

1. « En qu(o)i les Français ont-ils confiance aujourd'hui ? Baromètre de la confiance politique », vague 13b, Science Po/Cevipof, juin 2022.
2. « Les enjeux et motivations pour le vote au premier tour de l'élection présidentielle. Balises d'opinion n° 177 », Ifop, avril 2002 : https://www.ifop.com/wp-content/uploads/2022/04/118724-Rapport-SR-N177.pdf.
3. « Présidentielle 2022 – Sondage jour du vote : Profil des électeurs et clés du scrutin (premier tour) », Ifop, 10 avril 2022 : https://www.ifop.com/wp-content/uploads/2022/04/118997-Rapport-JDV-PRE22-T1-DET-11.04-1.pdf.
4. *Ibid.*
5. Il se situe ainsi dans la lignée des « Enquêtes Valeurs », notamment celles dirigées par Pierre Bréchon, Frédéric Gonthier et Sandrine Astor, dont on peut retrouver le récent ouvrage ici : Pierre Bréchon, Frédéric Gonthier et Sandrine Astor (dir.), *La France des valeurs*, Fontaine, Presses universitaires de Grenoble, 2019.

6. Enquête *Fractures françaises,* Ipsos pour la Fondation Jean-Jaurès, septembre 2021.
7. Enquête de l'institut Kantar pour l'ONG Oxfam, 2020.
8. Enquête *Fractures françaises, op. cit.*, septembre 2021.
9. Sondage Ifop pour l'Académie des technologies, novembre 2020.
10. Sondage Ifop pour EDF, 2020.
11. Sondage Viavoice pour le Pacte civique, septembre, 2021.
12. Sondage Elabe pour BFMTV, août 2022.
13. *Ibid.*
14. « Si 58 % des Français se disent prêts à réduire leur consommation d'énergie, 38 % estiment déjà consommer le strict minimum », Elabe, 30 août 2022.
15. « Les Français et la sobriété environnementale », Ifop, août 2022.
16. « Les Français et l'environnement, vague 2 », Ifop n° 117668, novembre 2020.
17. Philippe Mabille, « Sondage exclusif: le tournant écologique des Français, cinq ans après la COP21 », *La Tribune*, 10 décembre 2020.
18. *Fractures françaises*, *op. cit.*, septembre 2021.
19. « Qui sont vraiment les Gilets jaunes? Les résultats d'une étude sociologique », *Le Monde*, 26 janvier 2019.
20. C'est le cas de Vincent Tiberj, professeur des universités à l'IEP de Bordeaux.
21. Pour répondre à ces questions, nous effectuons une comparaison entre les deux enquêtes « jour du vote » d'Ipsos.
22. Vague 12 du « Baromètre de la confiance politique », OpinionWay pour le Cevipof et la Fondation Jean-Jaurès.

23. Échelle additive de la confiance dans les partis politiques et dans le gouvernement national à partir des données de l'« European Value Study ».
24. Données issues des Eurobaromètres semestriels de la Commission européenne. L'objectif des Eurobaromètres est de mesurer tous les six mois l'évolution de l'opinion publique des citoyens européens.
25. Antoine Bristielle, *À qui se fier ? Récit d'une crise sanitaire*, La Tour-d'Aigues, l'Aube, 2021.
26. Vague 12 du « Baromètre de la confiance politique », *op. cit.*
27. Roberto Stefan Foa et Yascha Mounk, « The danger of deconsolidation: The democratic disconnect », *Journal of democracy*, vol. 27, n° 3, juillet 2016, p. 5-17.
28. Enquête *Fractures françaises*, Ipsos pour la Fondation Jean-Jaurès, octobre 2022.
29. *Ibid.*
30. « Les Français et l'organisation des élections en France », Ifop, juin 2021.
31. Antoine Bristielle, « "Plaçons les élections législatives le même jour que la présidentielle" », *Le Monde*, 15 novembre 2021.
32. « Les Français et l'organisation des élections en France », *op. cit.*, juin 2021.
33. Nous développions déjà les éléments suivant dans Antoine Bristielle, *Voyage en terres complotistes*, Paris, Fayard, 2022.
34. Vincent Tiberj, *Les citoyens qui viennent. Comment le renouvellement générationnel transforme la politique en France*, Paris, Presses universitaires de France, 2017; Ronald Inglehart, *Culture shift in advanced industrial society*, Princeton NJ, Princeton University Press, 2018.
35. Enquête *Fractures françaises*, *op. cit.*, octobre 2022.

36. « Le Référendum d'initiative citoyenne délibératif », Terra nova, 18 février 2019.
37. « Les Français et le référendum constituant d'initiative citoyenne », Ifop, février 2022.
38. Enquête *Fractures françaises, op. cit.*, octobre 2022.
39. Frédéric Gonthier, Pierre Bréchon et Sandrine Astor (dir.), *La France des valeurs, op. cit.*, 2019.
40. Frédéric Gonthier et C. Dargent, « Attitudes économiques : la double déroute du libéralisme ? », dans Pierre Bréchon et Olivier Galland (dir.), *L'Individualisation des valeurs*, Paris, Armand Colin, 2010, p. 83-101.
41. Claire Gatinois, « Pour son entretien du 14-Juillet, Emmanuel Macron campe sur ses positions », *Le Monde*, 14 juillet 2022.
42. Sarah Belouzzane et *al.*, « Travail, allocations : pourquoi le débat est relancé », *Le Monde*, 24 septembre 2022.
43. Pierre-Henri de Menthon, « Les riches sont bien plus nombreux qu'on ne l'imagine, voici pourquoi », *Challenges*, 7 juillet 2022.
44. Gilles Ivaldi et Oscar Mazzoleni, « Economic populism and producerism : European right-wing populist parties in a transatlantic perspective », *Populism*, 2019, vol. 2, n° 1, p. 1-28.
45. Enquête *Fractures françaises, op. cit.*, 2020.
46. Enquête *Fractures françaises, op. cit.*, septembre 2021.
47. Antoine Bristielle et Tristan Guerra, *Le grand retrait. Retour sur la participation électorale au premier tour des régionales*, Fondation Jean-Jaurès, 25 juin 2021.
48. Vague 12 du « Baromètre de la confiance politique », *op. cit.*

Table des matières

Reconnue d'utilité publique dès sa création, la Fondation Jean-Jaurès est la première des fondations politiques françaises. Indépendante, européenne et sociale-démocrate, elle se veut depuis trente ans un lieu de réflexion, de dialogue et d'anticipation. Les partenariats éditoriaux qu'elle engage répondent à l'ambition de faire naître analyses pertinentes et propositions audacieuses, mais aussi de mettre cette production intellectuelle et politique au service de tous. Gilles Finchelstein et Laurent Cohen sont directeurs des publications de la Fondation Jean-Jaurès.

En coédition avec la Fondation Jean-Jaurès (extrait)

Camille Andrieu, Adeline Baldacchino, *Conter demain*

Vincent Aubelle, Émeric Bréhier, Jean-Paul Planchou, *Comment fonder la République décentralisée ?*

Jean-Michel Besnier, Diana Filippova, Ariel Kyrou, Fanny Parise, *L'humain augmenté. Cyborgs, fictions et métavers*

Richard Bouigue, Pierre Rondeau, *Le foot va-t-il exploser ? Pour une régulation du système économique du football*

Antoine Bristielle, *À qui se fier ? De la crise de confiance institutionnelle à la crise sanitaire*

Antoine Bristielle (dir.), *Que veulent les Français ? L'opinion publique dans tous ses états*

Jean-Laurent Cassely, Thierry Germain (dir.), *La France qui vient. Cahier de tendances 2020*

Jean-Laurent Cassely, Pierre Hurmic, Anne-Claire Ruel, Elena Scappaticci, *J'ai piscine. La France heureuse*

Xavier Crettiez, Bilel Ainine, « *Soldats de Dieu* ». *Paroles de djihadistes incarcérés*

Julien Damon, *Inconfinables ? Les sans-abri face au coronavirus*
Emmanuel Dupont, Édouard Jourdain, *Les nouveaux biens communs ? Réinventer l'État et la propriété au XXIe siècle*
Jean-Marie Durand, Thierry Germain (dir.), *Cahier de tendances 2021. Les personnes, les objets, les lieux et les idées qui vont tout changer*
Timothée Duverger, Barbara Glowczewski, Alexis Jenni, Viviana Lipuma, Flavien Menu, *Au bout de nos rêves. Le retour des utopies*
Ismail Ferhat (dir.), *Les Foulards de la discorde. Retours sur l'affaire de Creil 1989*
Ismail Ferhat, *Des discriminations sous-estimées ? Les musulmans en France*
Richard Ferrand, *Nos lieux communs. Petit traité républicain à l'usage des démocrates*
Jérôme Fourquet (dir.), *Karim vote à gauche et son voisin vote FN*
Jérôme Fourquet, Sylvain Manternach, *L'An prochain à Jérusalem ? Les Juifs de France face à l'antisémitisme*
Mathieu Fulla, Marc Lazar, *Les socialistes européens et l'État (XXe-XXIe siècle). Une histoire transnationale et comparée*
Ludivine Gilli, *La révolution conservatrice aux États-Unis. De l'avortement au droit de vote, la démocratie pervertie*
Adeline Hazan, Adrien Taquet, *La prison, alpha et oméga de la punition ?*
Smaïn Laacher, *L'affaire Mila. Victime, agresseurs, haine en ligne*
Rémi Lauwerier, Théo Verdier, *Des Européens éco-anxieux ? Le changement climatique à l'épreuve du quotidien*

Hervé Le Bras, *Serons-nous submergés ? Épidémie, migrations, remplacement*
Hervé Le Bras, *Le grand enfumage. Populisme et immigration dans sept pays européens*
Guillaume Lecointre, Sarah Proust (dir.), *Le Fait en question*
Raphaël LLorca, *Les nouveaux masques de l'extrême droite. La radicalité à l'ère Netflix*
Gilles Luneau, *Steak barbare. Hold-up végan sur l'assiette*
Denis Maillard, *Indispensables mais invisibles ?*
David Ménascé, Pierre Victoria, *Entreprises et territoires : nouvelle alliance ?*
Chloé Morin, Daniel Perron, *Être vieux : relégation ou solidarité ?*
Nicolas Monceau, *Turquie : un dilemme européen ?*
Cas Mudde, Cristóbal Rovira Kaltwasser, *Brève introduction au populisme*
Anne Muxel, *Politiquement jeune*
Anne Muxel, Adélaïde Zulfikarpasic, *Les Français sur le fil de l'engagement*
Sarah Proust, *Télétravail : la fin du bureau ?*
Iannis Roder, *Prof, mission impossible ?*
Pierre Rondeau, *Fin de partie pour le foot ?*
Dorian Simon, Michael Vincent, *La dette, une solution face à la crise planétaire ?*
Collectif Télémaque, *La gauche du réel. Un progressisme pour aujourd'hui*
Jean Viard, *Un nouvel âge jeune ? Devenir adulte en société mobile*
Jean Viard, *La révolution que l'on attendait est arrivée*
Jean Viard, avec David Medioni, *L'an zéro du tourisme*
Ouri Weber, *La gauche en Israël. Dialogue entre générations*

Pour limiter l'empreinte environnementale
de leurs livres, les éditions de l'Aube
font le choix de papiers issus de forêts
durablement gérées et de sources contrôlées.

Achevé d'imprimer en janvier 2023
sur les presses de l'imprimerie Firmin-Didot
pour le compte des éditions de l'Aube
331, rue Amédée-Giniès, F-84240 La Tour d'Aigues

Numéro d'édition : 5338
Dépôt légal : février 2023
N° d'impression : 173131

Imprimé en France